AF445926

Palestina

Richard J. Samuelson

PALESTINA
STORIA DI UN CONFLITTO INFINITO

Palestina

LA CASE Books
PO BOX 931416, Los Angeles, CA, 90093
info@lacasebooks.com || www.lacasebooks.com

INDICE

Palestina

UN CONFLITTO INFINITO

«Quando diciamo che gli arabi sono gli aggressori e noi quelli che si difendono, diciamo solo una mezza verità. Per quanto riguarda la sicurezza e la vita, noi siamo quelli che si difendono [...] Ma questa lotta è solo un aspetto del conflitto, che nella sua essenza, è politico. E politicamente, noi siamo gli aggressori, o quelli che si difendono» (David Ben Gurion, 1938)

La questione palestinese può essere considerata la più delicata e complessa vicenda internazionale dal secondo dopoguerra a oggi, se non altro perché dopo decenni di tensioni diplomatiche, atti di terrorismo, trattati di pace, guerre, crimini contro l'umanità e vicende politiche di ogni tipo nessuno è ancora riuscito a chiudere definitivamente una delle pagine più dolorosa della storia contemporanea. E la dura cronaca del 2014 ci dice che la fine definitiva del conflitto palestinese è ancora un'ipotesi molto lontana.

Abbiamo intitolato questa introduzione "un conflitto infinito" ma avremmo potuto chiamarla anche "un conflitto indefinito" dato che, a tutt'oggi, sono in pochi a conoscere i veri motivi alla base di una vera e propria tragedia umanitaria. Da una parte Israele, dall'altra Hamas. Per lo meno questo è quello che passa nella vulgata comune, nelle sterili polemiche da social network che animano le bacheche di troppe pagine Facebook. Tutto questo perché il conflitto palestinese ha assunto fin da subito una connotazione mondiale, e non solo per le pesanti ripercussioni sull'equilibrio geopolitico internazionale.

Parlare di Palestina significa, infatti, andare a toccare corde molto sottili, corde che agitano emozioni e sentimenti a volte irrazionali, spesso sicuramente ideologici, altre volte ancora invece toccano i tasti di una bieca propaganda politica. Fin dai tempi dell'Antica Roma il mondo occidentale ha elaborato il concetto di *bellum iustum*, la guerra giusta, concetto con precise connotazioni giuridiche che nel corso dei secoli è stato elaborato in termini anche morali.

Se per i romani la "guerra giusta" era la guerra giustificata da precisi motivi giuridici, oggi per il mondo occidentale "guerra giusta" significa una guerra legittima, significa il bene contro il male. L'ultimo grande esempio che possiamo fare è quello del secondo conflitto mondiale che per anni è stato raccontato come la guerra dei buoni contro i cattivi.

Poi però è arrivata l'Indocina con il Vietnam, la "guerra sporca" per eccellenza. E se con il Vietnam gli Stati Uniti hanno perso l'innocenza, le guerre segrete condotte dalla CIA in Sudamerica hanno fatto il resto. L'opinione pubblica ormai non ci crede più, non esistono più guerre giuste, e i futili tentativi di giustificare i vari interventi militari in Africa e in Medio Oriente, dalla Libia di Gheddafi all'Iraq di Saddam Hussein, sono stati sempre aspramente criticati.

Nemmeno l'egida dell'ONU serve più a mettere tutti d'accordo. Dall'11 settembre 2001 in poi tutto è cambiato: basta "guerre giuste", c'erano soltanto amici e nemici. Come disse George W. Bush "chi non è nostro amico è nostro nemico". Era scattata la guerra all'Impero del Male del terrorismo internazionale, guerra che andava condotta con ogni mezzo e su cui l'opinione pubblica statunitense era compatta, anche se non sono mancate le polemiche a livello internazionale.

Tutto questo per cercare di spiegare come il conflitto palestinese rappresenti un'anomalia del sistema, un'eccezione difficilmente comprensibile se analizzata con i parametri che normalmente applichiamo ai conflitti e alle crisi internazionali.

Nella pluridecennale storia del conflitto palestinese infatti non esistono buoni e cattivi, non è possibile applicare un concetto di "guerra giusta". Tutti gli schemi mentali tipici del pensiero occidentale faticano a stare in piedi quando si analizzano i perché di un conflitto che ciclicamente è destinato ad esplodere come un bubbone infetto che non si riesce a curare. Un complicatissimo groviglio di motivazioni storiche, religiose, ideologiche, militari, sociali e geopolitiche infatti è alle basi di questo conflitto. Proviamo allora a fare un viaggio a ritroso nel tempo per tentare di dare una risposta alla domanda che tutti si fanno quando leggono i macabri aggiornamenti del conflitto palestinese: "perché?"

Sgombrate la vostra mente da concetti come giusto e sbagliato o buono e cattivo, proveremo ad analizzare questo conflitto infinito in maniera scientifica, cercando di trovare una risposta scavando dentro le origini del male. Prima di farlo però fermiamo per un attimo il tempo e proviamo a scattare un'istantanea dell'attuale situazione in Palestina.

Al momento attuale la situazione è la seguente: Israele è uno stato membro dell'ONU anche se non viene riconosciuto da 32 nazioni. La Cisgiordania (nota anche con il nome di West Bank) e la Striscia di Gaza, ovvero quelle zone che vengono comunemente definite territori palestinesi, non sono uno stato riconosciuto dall'ONU anche se vengono riconosciuti da 131 paesi membri dell'ONU. In totale schizofrenia politica, però, i territori palestinesi sono membro osservatore dell'ONU. Il mondo arabo non accetta che Israele abbia costituito uno stato su un territorio che da più di 14 secoli era occupato dalle popolazioni palestinesi che, è bene ricordarlo, non erano soltanto arabe dato che comprendevano anche altre confessioni religiose.

Di contro Israele considera quel territorio suo di diritto: stiamo parlando infatti della Terra Promessa, quei territori che secondo le Sacre Scritture Dio in persona avrebbe promesso a Mosè e ai suoi discendenti. È facile capire dunque che con presupposti di questo tipo è davvero molto difficile pensare che si possa risolvere la situazione.

Quello che era originariamente un conflitto regionale incentrato sul mutuo riconoscimento di sovranità/indipendenza tra lo Stato di Israele e lo Stato di Palestina è diventato infatti un conflitto globale che vede il mondo arabo radicale (ma non solo) in palese contrasto con gli Stati Uniti e le potenze occidentali.

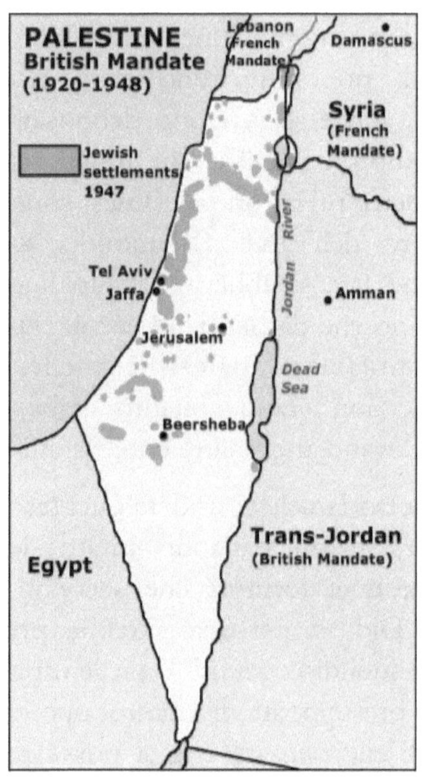

Mappa della Palestina ai tempi del
Provveditorato Britannico (1920-1948).
In Arancione sono segnalati gli insediamenti
israeliani nel 1947.

LE ORIGINI
DELLA DISCORDIA

Anche se in molti credono che sia necessario risalire a tempi molto antichi per capire l'attuale crisi palestinese, le reali origini del conflitto che dal 1947 tormenta quella regione risalgono alla seconda metà dell'800.

In quel periodo storico la Palestina, che faceva parte dell'Impero Ottomano, comprendeva l'intero territorio dello Stato di Israele, la Cisgiordania e la Striscia di Gaza. Per essere più precisi la Palestina all'epoca era suddivisa in due province ottomane che facevano parte del governatorato siriano dell'Impero. La maggior parte dei suoi abitanti erano musulmani (poco più dell'85%), ma esistevano anche due piccole comunità di cristiani (10%) e di ebrei (4%). Complessivamente nei territori a quell'epoca si trovavano circa 800mila persone.

La nascita del movimento sionista

L'800 vede anche la nascita e la diffusione del movimento sionista fondato ufficialmente da Theodor Herzl, anche se i tre veri fondatori del sionismo come idea sono stati il rabbi Yehuda Alkalai, il rabbi Zvi Hirsch Kalischer e Moshes Hess. Il sionismo vuole ridare la "Terra Promessa" al popolo ebraico disperso in tutto il mondo dopo la celebre diaspora. Il nome del movimento deriva dal colle Sion in cui sorgeva la rocca di Re David. Non si creda che i sionisti identificarono immediatamente nella Palestina il luogo in cui ricostituire lo stato ebraico: inizialmente infatti era stata presa in considerazione l'Argentina, dato che la sua pampa era enorme e praticamente disabitata. Anche il Kenya venne valutato come possibile soluzione, ma alla fine una serie di motivazioni storico-religiose facilmente immaginabili convinsero Herzl e tutto il movimento a puntare su Gerusalemme e sui territori palestinesi.

I sionisti dunque individuano proprio nella Palestina il territorio adatto per la rinascita di uno stato ebraico, e iniziano così un processo di migrazione lento ma costante verso quelle terre.

Nel 1897 a Basilea si tiene il primo congresso mondiale sionista: Herzl sta intessendo una fitta rete di contatti politici, economici e finanziari per riuscire nel suo sogno. Non è certo uno sprovveduto e sa bene che si tratta di un progetto ambizioso e dalle ripercussioni imprevedibili, ma è deciso a tutto pur di attuarlo.

Parallelamente viene elaborata anche una teoria politica che giustifica la nascita e l'esistenza di un futuro Stato di Israele nel mondo contemporaneo. Ecco allora che la Palestina diventa "Una Terra Senza Popolo per un Popolo Senza Terra" (la frase originale inglese è "A Land Without People for a People Without Land"). La prima fase di questo processo di migrazione comunque non crea grossi problemi: i popoli arabi erano abituati a più di un millennio di meticciato culturale e i contrasti confessionali e religiosi non erano esacerbati. Contrariamente a quanto si possa credere infatti la società araba prima e quella ottomana poi, erano società molto tolleranti. Basti pensare che gli ottomani avevano riconosciuto a Gerusalemme un'autonomia speciale rispetto all'Impero Ottomano proprio per la sua peculiare storia politico religiosa.

Gli ebrei però un po' alla volta iniziano ad essere sempre più numerosi: acquistano sempre più terreni e li occupano il più possibile, dando inizio ad una vera e propria colonizzazione dell'area. La neonata Agenzia Ebraica, che può contare su un'enorme disponibilità di denaro, acquista terreni che vengono poi assegnati a molti ebrei che provengono dall'Europa dell'est, soprattutto dalla Russia.

In reazione a questa lenta ma metodica presa di possesso di una regione che fino a quel momento era stata prevalentemente araba nascono i primi movimenti nazionalisti arabo-palestinesi. L'obiettivo dichiarato è quello di contrastare e respingere gli ebrei che vengono dipinti come invasori. Per tutti i primi anni del secolo scorso la situazione rimane tesa ma, comunque, non sfocia mai in conflitti aperti o di grosse dimensioni, fino a che non succede qualcosa che cambia per sempre gli equilibri di tutto il mondo: la prima guerra mondiale.

Il nazionalismo arabo-palestinese

Dopo una fase che potremmo definire di incubazione durante l'800, fase in cui nasce a livello teorico e filosofico l'idea di un nazionalismo arabo-palestinese, bisogna aspettare il '900 perché queste idee comincino a fare presa sulla popolazione nei territori. Non va dimenticato che l'800 è il secolo dei nazionalismi in tutta Europa, ed è proprio in questo contesto globale che si sviluppano i primi passi del nazionalismo arabo-palestinese (proprio come accadde per il sionismo, per altro).

I principali portavoce del nazionalismo arabo furono Abd al Rahamn al Kawakibi, Rashid Rida e Jajib Azouri. I tre intellettuali iniziano ad elaborare la teoria di un'unica nazione araba di matrice islamica che scacci l'invasore ottomano dai territori. Dopo questa prima fase prettamente intellettuale nei primi anni del Novecento l'idea di uno stato arabo indipendente diventa sempre più concreta e si trasforma in un vero movimento politico e d'opinione.

Nel giugno del 1913 le diverse associazioni nazionaliste e riformiste esistenti organizzano a Parigi il primo Congresso Arabo. L'obiettivo è quello di diffondere anche tra gli occidentali le aspirazioni nazionaliste degli arabi, creando un movimento d'opinione capace di esercitare una pressione diretta sull'Impero Ottomano.

LE DUE GUERRE MONDIALI

Il primo conflitto mondiale segnò la fine di un'epoca. Difficile per chi vive nella società globalizzata di oggi capire fino in fondo cosa abbia significato quella lunga e logorante guerra.

All'alba del 1918 scomparivano infatti l'Impero Ottomano, l'Impero Austroungarico e l'Impero Russo degli Zar. Nessun conflitto cambiò in maniera così radicale la geopolitica del nostro pianeta, nemmeno la Seconda Guerra Mondiale. La Palestina, che faceva parte dell'Impero Ottomano da ben quattro secoli, venne investita in pieno da quel conflitto. La Gran Bretagna, infatti, assunse il controllo di tutta l'area su mandato delle Nazioni Unite e quindi la Palestina divenne un protettorato britannico. Francia e Inghilterra avevano già deciso nel 1916 con un patto segreto di spartirsi i resti dell'Impero Ottomano, e proprio in previsione di una mossa strategica di questo tipo gli Inglesi iniziano a fare una serie di dichiarazioni, ufficiali e non, in cui traspare una chiara volontà di appoggiare la nascita di uno stato ebraico in Palestina. Molto significativa a questo proposito la Dichiarazione Balfour pubblicata nel 1917 da Arthur Balfour, Ministro degli esteri britannico, sotto forma di lettera a Lord Lionel Walter Rothschild, leader della Federazione Sionista Britannica.

La dichiarazione Balfour

Ecco il testo integrale della Dichiarazione Balfour:

Sono molto lieto di trasmetterle, a nome del Governo di Sua Maestà, la seguente dichiarazione di simpatia verso le aspirazioni ebraico sioniste, che è stata sottoposta al Governo e da essa approvata:

«Il Governo di Sua Maestà guarda con favore l'istituzione in Palestina di un focolare nazionale del popolo ebraico e farà del suo meglio per facilitare il raggiungimento di quest'obiettivo, fermo restando che non sarà compiuto alcun passo in grado di nuocere ai diritti civili e religiosi delle esistenti comunità non ebree in Palestina, o ai diritti e allo status politico goduti dagli ebrei in qualunque altro paese»[1].

Nella dichiarazione inglese si poteva leggere dunque che l'Inghilterra riconosceva ai sionisti il diritto di dar vita una "National Home" in territorio palestinese. L'interpretazione di questo termine, che abbiamo tradotto con l'espressione "focolare nazionale", creò subito non poche polemiche: per i sionisti infatti era un chiaro avvallo alla formazione di uno stato autonomo e indipendente, ma di fatto si trattava di un'espressione ambigua.

Come abbiamo visto nella Dichiarazione Balfour peraltro si può leggere anche non dovevano essere compromessi i diritti civili e religiosi delle comunità non-ebraiche della Palestina. Gli inglesi in definitiva vedevano di buon occhio l'insediamento di popolazioni di origini europee in Palestina, ma non potevano

---

[1] Johnathan Schneer, *The Balfour Declaration: The Origins of the Arab-Israeli Conflic*t, Bloomsbury Paperbacks, 2011

(e non volevano) appoggiare in maniera troppo aperta la causa sionista per non compromettere l'equilibrio nell'area, ma anche in tutte le altre colonie britanniche. A questo proposito riportiamo un'altra dichiarazione del Ministro Balfour, fatta nel febbraio del 1918 durante una cena con esponenti sionisti:

«Il mio auspicio personale è che gli ebrei abbiano successo in Palestina e alla fine possano fondare uno Stato Ebraico. Ora, tutto dipende da loro: gli abbiamo dato la grande opportunità»[2].

È in questa delicatissima fase del resto che si creano i prodromi dell'attuale conflitto palestinesi: le Nazioni Unite infatti avevano ufficialmente dato mandato alla Gran Bretagna di istituire un protettorato al fine di aiutare la popolazione locale a creare un governo autonomo. L'obiettivo doveva essere infatti quello di far sì che gli abitanti della zona istituissero uno stato indipendente. Il movimento sionista però è molto attivo e spinge a livello politico affinché la Palestina venga destinata alla popolazione ebraica per la ricostituzione dello Stato di Israele, riunendo tutti gli ebrei dispersi nel mondo.

[2] Johnathan Schneer, op. cit.

Proprio in quel periodo Leo Motzkin, pensatore liberale del movimento sionista, dichiara infatti che

«Il nostro pensiero è che la colonizzazione della Palestina debba avvenire in due direzioni: l'insediamento ebraico di Eretz Israel e la ricollocazione degli arabi di Eretz Israel in aree oltre confine. Il trasferimento di così tanti arabi può all'inizio sembrare economicamente inaccettabile, ma ciò non di meno è pratico. Insediare un villaggio palestinese su un'altra terra, non richiede troppo denaro»[3].

Il primo dopoguerra

Negli anni '20 gli ebrei presenti nella zona sono circa 85mila e rappresentano circa il 10% della popolazione. In poco meno di vent'anni dunque gli ebrei sono riusciti a aumentare in maniera notevole la loro presenza nella zona.

---

[3] Leon Chasanowich, Leo Motzkin, *Die Judenfrage Der Gegenwart: Dokumentensammlung*, Nabu Press, 2011.

La tensione con la popolazione locale è molto forte e iniziano a verificarsi diversi scontri, ma il movimento sionista continua imperterrito nella sua opera di migrazione verso "la terra promessa".

Nel 1922 l'Inghilterra concede i territori orientali del fiume Giordano all'emiro Abd Allah, creando di fatto la Transgiordania. In questo modo gli inglesi sperano di liberare la Palestina dalla maggior parte della popolazione araba. L'area a Ovest del fiume Giordano, che corrisponde grosso modo al 27% dell'area assegnata dall'ONU all'Inghilterra come protettorato, resta in mano agli inglesi. Da un punto di vista strategico sembrerebbe un'ottima mossa: in questo modo infatti la popolazione araba avrebbe avuto un suo stato indipendente, stato che occupava peraltro la maggior parte della zona, mentre gli inglesi potevano iniziare a lavorare per la creazione di uno stato ebraico nella zona a ovest del Giordano.

Purtroppo le cose non vanno così anzi, le popolazioni indigene dei territori, sia musulmane che cristiane, reagiscono con forte ostilità. Appare chiaro infatti che gli inglesi non sono lì per favorire la nascita di uno stato arabo indipendente, sono lì per occupare la zona e per restarci.

Nel 1929 scoppiano i moti palestinesi: diverse centinaia di sionisti marciano lungo il Muro del Pianto pretendendo di controllare Gerusalemme. Inevitabile la risposta araba che sfocia in scontri violentissimi. La tensione cresce giorno dopo giorno, anche perché le assegnazioni dei terreni da parte degli Inglesi ai nuovi coloni ebrei crea malumori sempre più pesanti.

Gli inglesi non rispettavano le usanze arabe, che sono completamente diverse da quelle occidentali: gli abitanti dei territori palestinesi secondo l'antica tradizione locale non possedevano legalmente i terreni, ma le piante che vi crescevano sopra e che vi venivano coltivate. Questo creava un cortocircuito normativo che venne sfruttato dagli inglesi: da un punto di vista legale infatti quei terreni non appartenevano a nessuno e, di conseguenza, potevano essere assegnati o venduti ai coloni ebraici. Facile immaginare che per le popolazioni arabe che coltivavano quei terreni da generazioni si trattava di una violenza difficile da tollerare, anche perché le regole imposte dagli inglesi proibivano ai coloni di affittare i terreni agli arabi. In questo modo le popolazioni locali perdevano la loro unica fonte di sostentamento.

Il Congresso Islamico di Gerusalemme

Dal 6 al 17 dicembre 1931 si svolse a Gerusalemme un Congresso Mondiale Islamico a cui parteciparono delegati arabi e afro-asiatici. L'obiettivo era quello di esaminare la situazione dell'Islam per poter decidere le misure necessarie per difendere i suoi interessi. Naturalmente la Palestina era uno dei nodi fondamentali. Fu in quel consesso che la Palestina divenne ufficialmente un problema globale per tutti i paesi islamici.

I delegati arabi che partecipavano al congresso firmarono un "patto arabo". Ecco cosa si può leggere all'Art. 1 del patto:

«[è necessario] rivolgere gli sforzi di ogni paese arabo a un unico scopo, e cioè alla completa indipendenza, intera e unificata, e combattere ogni idea tendente a lavorare esclusivamente per localistiche politiche regionali»[4].

---

[4] Ayubi, Nazih N., *Over-stating the Arab State*, I.B. Tauris, 1995.

Il Congresso Islamico diventerà dunque una tappa fondamentale nella creazione di un movimento di un'ideologia panislamica che darà nuova linfa e vigore all'arabismo. Questa ideologia verrà poi strutturata e consolidata nei seguenti Congressi Islamici di Delhi (1932 e '39), Bloudane (Siria, 1937) e El Cairo (1938).

Cresce la tensione

Intanto la strategia sionista continua senza fine e alla fine degli anni '30 gli ebrei in Palestina sono addirittura più di 350mila. A questo punto ci si trova di fronte a un problema politico concreto tanto che nel 1937 viene formulata la prima proposta concreta. Per evitare che la situazione degeneri si ipotizza di dividere la Palestina in due, con una zona a nord occupata dagli ebrei e una a sud occupata dalle popolazioni arabe, che però rifiutano in maniera categorica. La situazione è incendiaria è infatti scoppia l'ennesima rivolta.

A questo punto gli Inglesi si rendono conto che non possono far finta di niente e provano a mettere un freno alla situazione: viene istituito il famoso "libro bianco", che altro non è se non un tentativo di frenare la migrazione ebraica nei territori palestinesi.

Gli inglesi avevano da sempre seguito una politica filo-sionista, ma il nuovo Ministro delle Colonie Sydney Webb è su posizioni antisioniste, tanto da dichiarare che "in Palestina non c'è più posto neanche per un gatto".

Con il Libro Bianco viene infatti fissato un tetto di 75mila persone che sarebbero potute entrare nei successivi 5 anni. Il libro bianco però viene istituito nel 1939 e, come è facile immaginare, la situazione palestinese non è certo il primo problema degli Inglesi. Le armate naziste di Hitler mettono a ferro a fuoco l'Europa e il mondo intero, con gli ebrei che fuggono in massa dal vecchio continente, chi verso gli Stati Uniti, chi invece verso al Palestina. E così, al termine del secondo conflitto mondiale, gli ebrei rappresentano il 30% dell'intera popolazione palestinese.

IL SECONDO DOPOGUERRA

Dopo l'orrore della Seconda Guerra Mondiale è chiaro a tutti che il problema Palestinese va affrontato senza mezze misure. Del resto già nel 1941 Churchill aveva dimostrato di avere le idee molto chiare, dato che aveva redatto un memorandum segreto in cui si poteva leggere

«Posso subito dire che se la Gran Bretagna e gli Stati Uniti usciranno vincitori dalla guerra, la creazione di un grande Stato Ebraico in Palestina, abitato da milioni di ebrei, sarà uno dei punti principali da discutere alla Conferenza di Pace»[5].

[5] Benny Morris, *Vittime. Storia del conflitto arabo-sionista 1881-2001*, BUR, 2003.

Il mondo intero si sta riprendendo dopo anni durissimi e quella sembra l'occasione buona anche per ricostruire una situazione di pace nei territori.

Gli ebrei sono stati decimati dall'Olocausto che però ha un impatto decisivo nella questione palestinese, come ha scritto lo storico israeliano Benny Morris:

«Gli effetti dell'Olocausto sulla situazione in Palestina furono ambigui: il movimento sionista perse il grosso del suo "bacino di reclutamento", ma ebbe un enorme incremento di energia sul piano della motivazione.

Da sempre il messaggio del sionismo era che esso solo poteva salvare gli ebrei dall'antisemitismo europeo, e il nazismo sembrò esserne la clamorosa conferma. L'Olocausto diede subito nuovo vigore alla battaglia per uno Stato Ebraico.

Nel contempo i sionisti cominciarono a pensare e agire come se fossero con le spalle al muro, e la catastrofe degli ebrei europei potesse ripetersi in Palestina. Inoltre l'Olocausto mobilitò, come nient'altro avrebbe potuto, il sostegno della comunità ebraica internazionale, in precedenza per lo più non sionista o anti sionista, e indusse le democrazie occidentali a schierarsi con lo Stato Ebraico.

È anche possibile che in qualche misura la politica sovietica ne sia stata influenzata in modo analogo. Il senso di colpa cristiano si trasformò in sostegno al sionismo anche negli Stati Uniti, e questa fu forse la conseguenza più importante dell'Olocausto [...]»[6].

La Lega Araba

Nel 1945 sul complicato scenario mediorientale si affaccia un nuovo attore destinato a giocare un ruolo fondamentale nei decenni successivi, la Lega Araba.

Il Patto della Lega Araba, patrocinato inizialmente dalla Gran Bretagna, venne firmato a El Cairo il 22 marzo del 1945.

Ecco i primi tre punti del Patto:

«Art. 1 - È costituita una Società degli Stati Arabi tra gli Stati Arabi indipendenti firmatari di questo patto. Ogni Stato Arabo indipendente ha il

---

[6] Benny Morris, op. cit.

diritto di entrare a far parte della Società; quando desideri entrare a farne parte, presenterà domanda alla Segreteria generale permanente. La domanda sarà sottoposta al Consiglio nella prima riunione successiva alla sua presentazione.

Art. 2 - Lo scopo della Società è di consolidare le relazioni tra gli Stati associati e coordinare la loro condotta politica per conseguire la loro cooperazione e salvaguardare la loro indipendenza e sovranità e esaminare in linea generale gli affari e gli interessi arabi. Tra i suoi scopi è anche la stretta cooperazione tra gli Stati associati, sulla base degli orientamenti e della situazione di ogni singolo Stato, nelle questioni seguenti: a) questioni economiche e finanziarie; b) questione dei trasporti: ferrovie, strade, aviazione, navigazione, poste e telegrafi; c) questioni culturali; d) questioni riguardanti la nazionalità, i passaporti, i visti, l'estradizione dei colpevoli di reato; e) questioni sociali; f) questioni sanitarie.

Art. 3 - La società avrà un Consiglio composto dai rappresentanti degli Stati associati; ogni Stato avrà un solo voto quale che sia il numero dei suoi rappresentanti. Compito del Consiglio è di operare al raggiungimento degli scopi della Società e vigilare sull'esecuzione degli accordi conclusi dagli Stati associati nelle questioni indicate nell'articolo precedente o altre. Il Consiglio ha inoltre il compito di predisporre i mezzi per la collaborazione con le organizzazioni internazionali che verranno istituite in avvenire per garantire la sicurezza e la pace del mondo e per stabilire relazioni economiche e sociali […]»[7].

Fine mandato

L'Inghilterra intanto ha rimesso il suo mandato all'ONU: troppo complicata la situazione in Palestina, e i numerosi attentati contro obiettivi inglesi da parte dei sionisti non semplificano certo la situazione.

Nel 1947 arriva dall'ONU la proposta di dividere la regione in due parti indipendenti l'una dall'altra: il 55% dei territori andranno a formare lo stato ebraico, il restante 45% invece costituirà lo stato palestinese.

La proposta viene votata favorevolmente dalla Società delle Nazioni: favorevoli 33 nazioni (Australia, Belgio, Bolivia, Brasile, Bielorussia, Canada, Costa Rica, Cecoslovacchia, Danimarca, Repubblica Domenicana, Ecuador, Francia, Guatemala, Haiti, Islanda, Liberia, Lussemburgo, Olanda, Nuova Zelanda, Nicaragua, Norvegia,

---

[7] Ayubi, Nazih N., opt. cit

Panama, Paraguay, Perù, Filippine, Polonia, Svezia, Sud Africa, Ucraina, USA, URSS, Uruguay, Venezuela).

Sono invece contrarie Afghanistan, Cuba, Egitto, Grecia, India, Iran, Iraq, Libano, Pakistan, Arabia Saudita, Siria, Turchia, Yemen.

Dieci, infine, le nazioni astenute (Argentina, Cile, Cina, Colombia, El Salvador, Etiopia, Honduras, Messico, Regno Unito, Jugoslavia), unica assente alla votazione la Thailandia.

Nella risoluzione ONU 181 del 29 novembre 1947 c'è una parte espressamente dedicata alla "Costituzione futura e governo della Palestina", vediamo insieme cosa dice:

«1. Il mandato per la Palestina cesserà il più preso possibile, ma in ogni caso non oltre il 1° agosto 1948.

2. Le forze armate della Potenza mandataria [La Gran Bretagna, ndR] saranno ritirate progressivamente dalla Palestina; il ritiro dovrà essere completato appena possibile ma in ogni caso non oltre il 1° agosto 1948. La Potenza mandataria informerà la Commissione, con il massimo anticipo possibile, delle sue intenzioni di porre fine al Mandato, e di evacuare ogni Area La Potenza mandataria farà del suo meglio per assicurare che una zona situata nel territorio dello

Stato Ebraico, ivi incluso un porto e l'entroterra adeguato a fornire le strutture necessarie per una forte immigrazione, sia evacuata al più preso e non oltre il 1° febbraio 1948.

3. Lo Stato Ebraico e Arabo indipendenti e il Regime internazionale speciale per la Città di Gerusalemme, cominceranno a esistere due mesi dopo che l'evacuazione delle forze armate della Potenza mandataria è stata completata ma in ogni caso non oltre il 1° ottobre 1948. I confini dello Stato Arabo, dello Stato Ebraico e della Città di Gerusalemme saranno descritti nelle parti II e III che seguono [...]»[8].

Un accordo che non piace a nessuno

La spartizione territoriale però non mette d'accordo nessuno: troppo artificiosa, troppa lontana dalla esigenze dei diversissimi gruppi etnici che occupavano la Palestina.

Ecco cos'ha scritto a questo proposito lo storico palestinese Khalidi:

[8] United Nations Special Committee on Palestine, Assemblea Generale delle Nazioni Unite, a New York, Risoluzione 181 dell'Assemblea Generale.

«I palestinesi i non capivano perché il 37% della popolazione avesse ottenuto il 55% del territorio (del quale aveva posseduto fino a quel momento soltanto il 7%).

Non capivano perché si facesse pagare a loro il conto dell'Olocausto, non capivano perché fosse ingiusto che gli ebrei restassero una minoranza in uno Stato Palestinese unitario e, invece, fosse giusto che quasi metà degli arabi palestinesi - la popolazione autoctona, che abitava il paese da secoli - diventasse dalla sera alla mattina una minoranza soggetta a un potere straniero [...]»[9].

Il risultato è che i territori vengono investiti da una violenza senza precedenti. Gli arabi non ci stanno e attaccano gli insediamenti dei coloni che provano a difendersi come possono. Anche i sionisti del resto non sono da meno, con azioni violentissime in tutti i territori contro i gruppi arabi.

---

[9] Rashid Khalidi, *The Hundred Years' War on Palestine: A History of Settler Colonialism and Resistance, 1917-2017*, Metropolitan Books, 2020.

Lo scenario palestinese sta però per cambiare radicalmente, come scrive David Ben Gurion, capo del Governo Ombra sionista, nel '47:

«Fino ai tempi recenti, la nostra sola preoccupazione è stata difendere lo yishw dagli arabi palestinesi, ma ora siamo di fronte a una situazione del tutto diversa. La Terra d'Israele è circondata da stati arabi indipendenti, stati che hanno il diritto di acquistare e produrre armi, mantenere eserciti e addestrarli [...] Gli attacchi degli arabi palestinesi non sono un pericolo per lo yishw, ma c'è un altro pericolo: che gli stati arabi confinanti attacchino lo yishw coi loro eserciti regolari, tentando di distruggerlo»[10].

Intanto gli Inglesi si sono resi conto di non riuscire più a gestire quella che è diventata a tutti gli effetti una polveriera sul punto di esplodere. Decidono quindi di abbandonare il protettorato e lasciano il paese. Inutile dire che esplode il caos, con gruppi di guerriglieri paramilitari che iniziano a fare il bello e il cattivo tempo seminando panico e terrore in tutta la zona.

---

[10] Tom Segev, *A State at Any Cost: The Life of David Ben-Gurion*, Apollo, 2019.

Il movimento sionista nel frattempo capisce che è arrivato il momento di forzare la mano: il 14 maggio del '48 David Ben Gurion proclama ufficialmente l'indipendenza dello Stato Ebraico in Terra di Israele.

DICHIARAZIONE DELLA FONDAZIONE DELLO STATO D'ISRAELE

Riportiamo di seguito il testo integrale della dichiarazione della fondazione dello Stato d'Israele pronunciata da David Ben Gurion il 14 maggio 1948 a Tel Aviv:

«In ERETZ ISRAEL [Terra d'Israele, n.d.r.] è nato il popolo ebraico, qui si è formata la sua identità spirituale, religiosa e politica, qui ha vissuto una vita indipendente, qui ha creato valori culturali con portata nazionale e universale e ha dato al mondo l'eterno Libro dei Libri.

Dopo essere stato forzatamente esiliato dalla sua terra, il popolo le rimase fedele attraverso tutte le dispersioni e non cessò mai di pregare e di sperare nel ritorno alla sua terra e nel ripristino in essa della libertà politica.

Spinti da questo attaccamento storico e tradizionale, gli ebrei aspirarono in ogni successiva generazione a tornare e stabilirsi nella loro antica patria; e nelle ultime generazioni ritornarono in massa.

Pionieri, ma'apilim e difensori fecero fiorire i deserti, rivivere la loro lingua ebraica, costruirono villaggi e città e crearono una comunità in crescita, che controllava la propria economia e la propria cultura, amante della pace e in grado di difendersi, portando i vantaggi del progresso a tutti gli abitanti del paese e aspirando all'indipendenza nazionale.

Nell'anno 5657 (1897), alla chiamata del precursore della concezione d'uno Stato ebraico Theodor Herzl, fu indetto il primo congresso sionista che proclamò il diritto del popolo ebraico alla rinascita nazionale del suo paese.

Questo diritto fu riconosciuto nella dichiarazione Balfour del 2 novembre 1917 e riaffermato col Mandato della Società delle Nazioni che, in particolare, dava sanzione internazionale al legame storico tra il popolo ebraico ed Eretz Israel e al diritto del popolo ebraico di ricostruire il suo focolare nazionale.

La Shoah [catastrofe] che si è abbattuta recentemente sul popolo ebraico, in cui milioni di ebrei in Europa sono stati massacrati, ha dimostrato concretamente la necessità di risolvere il problema del popolo ebraico privo di patria e di indipendenza, con la rinascita dello Stato ebraico in Eretz Israel che spalancherà le porte della patria a ogni ebreo e conferirà al popolo ebraico la posizione di membro a diritti uguali nella famiglia delle nazioni.

I sopravvissuti all'Olocausto nazista in Europa, così come gli ebrei di altri paesi, non hanno cessato di emigrare in Eretz Israel, nonostante le difficoltà, gli impedimenti e i pericoli e non hanno smesso di rivendicare il loro diritto a una vita di dignità, libertà e onesto lavoro nella patria del loro popolo.

Durante la seconda guerra mondiale, la comunità ebraica di questo paese diede il suo pieno contributo alla lotta dei popoli amanti della libertà e della pace contro le forze della malvagità nazista e, col sangue dei suoi soldati e il suo sforzo bellico, si guadagnò il diritto di essere annoverata fra i popoli che fondarono le Nazioni Unite.

Il 29 novembre 1947, l'Assemblea Generale delle Nazioni Unite adottò una risoluzione che esigeva la fondazione di uno Stato ebraico in Eretz Israel.

L'Assemblea Generale chiedeva che gli abitanti di Eretz Israel compissero loro stessi i passi necessari da parte loro alla messa in atto della risoluzione.

Questo riconoscimento delle Nazioni Unite del diritto del popolo ebraico a fondare il proprio Stato è irrevocabile.

Questo diritto è il diritto naturale del popolo ebraico a essere, come tutti gli altri popoli, indipendente nel proprio Stato sovrano.

Quindi noi, membri del Consiglio del Popolo, rappresentanti della Comunità Ebraica in Eretz Israel e del Movimento Sionista, siamo qui riuniti nel giorno della fine del Mandato Britannico su Eretz Israel e, in virtù del nostro diritto naturale e storico e della risoluzione dell'Assemblea Generale delle Nazioni Unite, dichiariamo la fondazione di uno Stato ebraico in Eretz Israel, che avrà il nome di Stato d'Israele.

Decidiamo che, con effetto dal momento della fine del Mandato, stanotte, giorno di sabato 6 di Iyar 5708, 15 maggio 1948, fino a quando saranno regolarmente stabilite le autorità dello Stato elette secondo la Costituzione che sarà adottata dall'Assemblea costituente eletta non più tardi del 1 ottobre 1948, il Consiglio del Popolo opererà come provvisorio Consiglio di Stato, e il suo organo esecutivo, l'Amministrazione del Popolo, sarà il Governo provvisorio dello Stato ebraico che sarà chiamato Israele.

Lo Stato d'Israele sarà aperto per l'immigrazione ebraica e per la riunione degli esuli, incrementerà lo sviluppo del paese per il bene di tutti i suoi abitanti, sarà fondato sulla libertà, sulla giustizia e sulla pace come predetto dai profeti d'Israele, assicurerà completa uguaglianza di diritti sociali e politici a tutti i suoi abitanti senza distinzione di religione, razza o sesso, garantirà libertà di religione, di coscienza, di lingua, di istruzione e di cultura, preserverà i luoghi santi di tutte le religioni e sarà fedele ai principi della Carta delle Nazioni Unite.

Lo Stato d'Israele sarà pronto a collaborare con le agenzie e le rappresentanze delle Nazioni Unite per l'applicazione della risoluzione dell'Assemblea Generale del 29 novembre 1947 e compirà passi per realizzare l'unità economica di tutte le parti di Eretz Israel.

Facciamo appello alle Nazioni Unite affinché assistano il popolo ebraico nella costruzione del suo Stato e accolgano lo Stato ebraico nella famiglia delle nazioni.

Facciamo appello - nel mezzo dell'attacco che ci viene sferrato contro da mesi - ai cittadini arabi dello Stato di Israele affinché mantengano la pace e partecipino alla costruzione dello Stato sulla base della piena e uguale cittadinanza e della rappresentanza appropriata in tutte le sue istituzioni provvisorie e permanenti.

Tendiamo una mano di pace e di buon vicinato a tutti gli Stati vicini e ai loro popoli, e facciamo loro appello affinché stabiliscano legami di collaborazione e di aiuto reciproco col sovrano popolo ebraico stabilito nella sua terra.

Lo Stato d'Israele è pronto a compiere la sua parte in uno sforzo comune per il progresso del Medio Oriente intero.

Facciamo appello al popolo ebraico dovunque nella Diaspora affinché si raccolga intorno alla comunità ebraica di Eretz Israel e la sostenga nello sforzo dell'immigrazione e della costruzione e la assista nella grande impresa per la realizzazione dell'antica aspirazione: la redenzione di Israele.

Confidando nell'Onnipotente, noi firmiamo questa Dichiarazione in questa sessione del Consiglio di Stato provvisorio, sul suolo della patria, nella città di Tel Aviv, oggi, vigilia di sabato 5 Iyar 5708, 14 maggio 1948»[11].

La dichiarazione d'indipendenza israeliana tende dunque apparentemente la mano alle popolazioni arabe nel tentativo di trovare un equilibrio ma, nonostante le belle parole e le buone intenzioni, l'idea dei "due popoli in due stati" non vedrà mai la luce. Sul finire del 1948 scoppia infatti il primo conflitto arabo-israeliano.

---

[11] *Proclamation of Independence: Official Gazette: Number 1*, su knesset.gov.il, Tel Aviv, 14 maggio 1948.

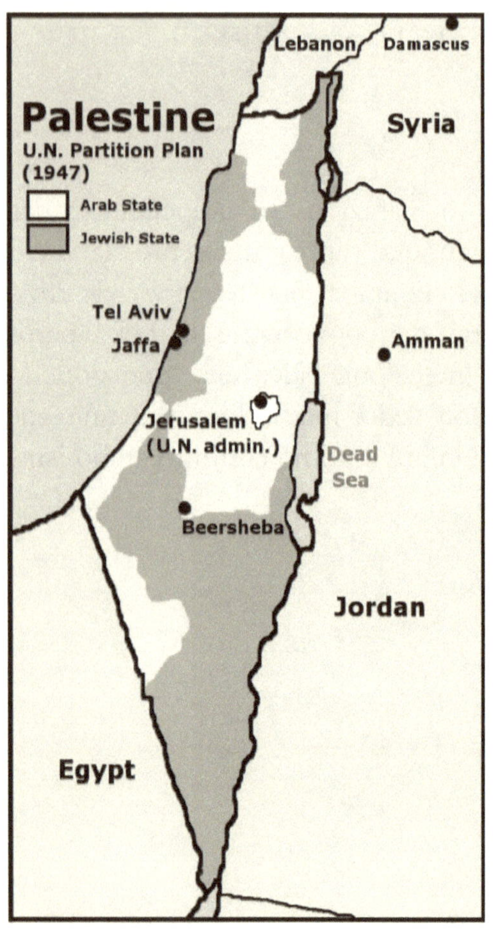

Mappa della Palestina in base al piano
di spartizione dei territori preparato dall'ONU
nel 1947. In giallo sono evidenziati i territori
che sarebbero dovuti andare alle popolazioni arabe,
in arancione invece i territori che avrebbero formato
il nuovo Stato di Israele.

LA PRIMA GUERRA ARABO-ISRAELIANA

Come abbiamo visto nel capitolo precedente, nonostante la proposta dell'ONU non c'è nessuna reale volontà entrambe le parti di arrivare a una divisione in due dei territori, e così scoppia inevitabilmente la prima guerra arabo-israeliana.

Sull'orlo di una guerra civile

L'ONU ha stabilito sulla carta la nascita di due stati autonomi e indipendenti in Palestina nel 1948, ma la realtà è molto diversa da quanto c'è scritto nei trattati e nelle risoluzioni delle Nazioni Unite. La Lega Araba infatti fa immediatamente partire una guerra di liberazione contro il neonato Stato di Israele, che però non arriva certo impreparato allo scontro. I gruppi sionisti infatti sono organizzatissimi militarmente, hanno veri e propri gruppi paramilitari molto ben addestrati come Haganah e Palmach. Tra gli immigrati, inoltre, ci sono moltissimi reduci della Seconda Guerra Mondiale: si tratta di uomini che hanno esperienza militare, che sono pronti a tutto e che hanno vissuto in prima persona l'inferno dei campi di battaglia.

Ma non si creda che anche tra gli stessi ebrei non ci siano conflitti e divisioni profondissime che potrebbero scatenare una guerra civile da un momento all'altro, come dimostra il bombardamento della nave "Altalena" il 20 giugno del 1948. L'Altalena, che quel giorno stava per approdare a Tel Aviv, trasportava centinaia di volontari e di armi destinate all'Irgun, una dei più violenti gruppi militari para-statale dell'estrema destra ebraica.

Ben Gurion, il primo ministro del neonato stato ebraico, ordina il bombardamento della nave. Risultato: 14 morti e 60 feriti. Il motivo di un episodio che potrebbe sembrare inspiegabile è presto detto: dopo la proclamazione dello stato di Israele tutti i gruppi paramilitari che operavano nei territori avevano promesso di integrarsi all'interno del neonato esercito israeliano, il Tzahal. La decisione era stata presa all'unanimità dall'Haganha, il Palmach, il Lehi e anche l'Irgun.

Le varie milizie si sarebbero dovute sciogliere per confluire nell'esercito ebraico, a patto però di restare organizzate in brigate omogenee per garantire una sorta di continuità. Per questo motivo il Comandante Begin, a capo della brigata costituita dagli ex miliziani dell'Irgun, aveva preteso che tutte le armi presenti a bordo dell'Altalena andassero ai suoi soldati. Ben Gurion non ci sta e, sfiorando una vera e propria guerra civile, fa bombardare la nave. Il messaggio politico è evidente: non c'è più spazio per i personalismi e per i cani sciolti. Ma torniamo alla prima guerra arabo-palestinese.

Una guerra lampo

In breve ci si rende conto che quella di Israele non è una difesa ma un vero e proprio contrattacco: occupano la maggior parte dei territori, ad eccezione della Striscia di Gaza e della Cisgiordania che sono invece occupate dall'esercito egiziano e dalle truppe giordane.

Appare subito chiaro che Israele può contare su una superiorità schiacciante da un punto di vista militare, strategico ed economico. L'ONU tenta di mediare proponendo una tregua, ma nessuna delle due parti accetta. Dopo intense trattative le Nazioni Unite riescono a proporre una seconda tregua, ma appena le due parti in gioco sembrano accettare la cessazione delle ostilità un attentato sionista uccide Folke Bernadotte, il mediatore incaricato dall'ONU.

<u>Un solo stato</u>

Il primo conflitto arabo-israeliano si conclude molto velocemente: entro la fine del 1948 Israele è di fatto l'unico stato organizzato in Palestina e occupa gran parte dei territori, molto più di quanto prevedesse inizialmente la risoluzione delle Nazioni Unite.

Circa la metà dei palestinesi dei territori viene sfollata nei campi profughi dato che Israele impone una dura occupazione militare all'intera zona. Nasce così il problema dei profughi palestinesi (circa 500 mila per le fonti israeliane e oltre 1 milione per le fonti arabe), uomini, donne e bambini espulsi dallo Stato Ebraico e si stabilirono in appositi campi in Cisgiordania, nella striscia di Gaza, in Transgiordania, Siria e Libano. Alcune comunità minori di esuli verranno ospitati in Egitto, in Iraq e negli altri stati della Penisola Arabica.

L'11 dicembre 1948 l'ONU emette la celebre risoluzione 194. Anche questa volta si tratta di parole vuote che restano sulla carta, i fatti sono molto diversi. La risoluzione 194 infatti prevede la completa demilitarizzazione della città di Gerusalemme che sarebbe dovuta diventare una sorta di città aperta controllata direttamente dall'ONU. Nel frattempo Israele è già organizzato come un vero e proprio stato militare.

Uno stato guarnigione

Fin da subito Israele si organizza come un vero e proprio Stato Guarnigione sempre pronto a difendersi da eventuali attacchi esterni. Tutte le divisioni sociali interne come potevano essere quelle tra comunità religiose e laiche, oppure tra ceppi ebraici di diversa origine o tradizione, passano in secondo piano di fronte agli aspetti militari. Tutti i giovani abili alla leva di sesso maschile tra i 18 e 20 anni, ma anche la maggior parte delle coetanee di sesso femminile, vengono coscritti obbligatoriamente per un periodo minimo di 20 mesi fino a un massimo di 36 mesi.

Il bilancio dello stato riservato alla Difesa arriva al 40% e per la maggior parte dei futuri politici israeliani è fondamentale aver fatto in precedenza una brillante carriera militare. Per Israele infatti si tratta di una battaglia con un'unica opzione: vincere o morire. È impensabili per i coloni tornare alle loro nazioni di provenienza, sia che si tratti di nazioni europee, asiatiche o americane.

<u>Gli sconfinamenti e le espulsioni di massa</u>

Israele ora deve fare i conti con il forte risentimento della popolazione araba, sia all'interno dei suoi confini che all'esterno.

Esplode in tutta la sua drammaticità il problema dei cosiddetti "sconfinamenti", come ha scritto lo storico israeliano Benny Morris:

«Gli arabi negavano lo Stato Ebraico nella sua esistenza di fatto e di diritto; capi politici e scrittori non usavano la parola "Israele"; le carte topografiche non riproducevano la regione corrispondente o la chiamavano "Palestina". Le frontiere erano chiuse a tutto il traffico da e per Israele e a chiunque avesse visti israeliani sul passaporto. [...]

Gli Stati Arabi iniziano un rigido boicottaggio economico, compresa la chiusura da parte dell'Egitto del Canale di Suez e degli stretti di Tiran si alle navi israeliane sia a quelle di paesi terzi con specifici prodotti (tra i quali il petrolio) destinati a Israele, e decretarono la messa al bando delle società che commerciavano con Israele.

La più pericolosa ed evidente espressione di animosità erano gli scontri di confine. Gran parte della tensione alle frontiere era causata da clandestini arabi. Gli sconfinamenti, le sparatorie, l'occasionale morto israeliano e le conseguenti rappresaglie risvegliavano e aumentavano l'ostilità tra i due campi, in un crescendo che sfociò nel conflitto del '56»12.

Israele reagisce in modo durissimo agli sconfinamenti, che creano uno stato di continuo terrore tra i coloni. Lo Stato Ebraico mette in atto operazioni militari durissime per rispondere a

---

12 Benny Morris, op. cit.

quello che, tecnicamente, doveva essere un problema gestito con operazioni di polizia.

Vengono effettuati veri e propri rastrellamenti tra gli arabi che vivono all'interno di Israele che vengono qualificati come "clandestini", in modo da avere la giustificazione giuridica all'espulsione.

Ecco come descrive nel 1950 un abitante di un kibbutz il passaggio di uno dei convogli diretti al confine:

«Aspettavamo un mezzo di trasporto vicino a uno dei grandi campi militari [...]

All'improvviso comparvero due grossi autocarri carichi di arabi con gli occhi bendati: uomini, donne e bambini.

Alcuni dei soldati che li sorvegliavano scesero a bere e a fare uno spuntino mentre gli altri montavano la guardia.

"Chi sono quegli arabi?" domandammo. "Clandestini" ci fu risposto, "diretti al confine".

Sugli autocarri gli arabi erano pigiati in modo disumano. Poi un soldato chiamò un suo amico, specialista in materia, a mettere ordine.

Quelli tra noi che erano vicino al camion non avevano notato alcun atto aggressivo da parte degli arabi, che stavano seduti pieni di paura, quasi gli uni sopra gli altri.

Scoprimmo subito cosa quei militari intendessero per "mettere ordine".

L'esperto saltò su un autocarro e cominciò a picchiare gli arabi sugli occhi bendati; quand'ebbe finito, gli camminò sopra e concluse il tutto con una sonora risata, soddisfatto del suo atto di eroismo.

Quello spettacolo vergognoso fu un trauma per tutti noi […]»[13].

---

[13] Benny Morris, op. cit.

LA SECONDA FASE
DEL CONFLITTO
E IL PANARABISMO

A partire dalla seconda metà degli anni '50 il conflitto si allarga a tutto il mondo arabo, con l'Egitto in prima linea grazie alla posizione del suo presidente Al Naser. Naser si afferma come il leader del Panarabismo e gioca una serie di mosse a sorpresa destinate a fare scalpore. Il Panarabismo è stato un movimento che voleva promuovere l'unità politica e culturale tra tutti i popoli di lingua e cultura araba. Nato originariamente durante la Prima Guerra Mondiale con la consapevolezza della necessità dell'indipendenza dei popoli arabi dall'Impero Ottomano e dai domini coloniali europei, prese forma in maniera concreta negli anni del primo dopoguerra.

La Lega Araba, fondata nel 1945, divenne la piena espressione del panarabismo che a partire da quel momento iniziò ad influenzare concretamente la politica estera dei Paesi Arabi. Nel luglio del 1956 Naser decide di mostrare i muscoli e nazionalizza il Canale di Suez, fino ad allora gestito direttamente dai francesi e dagli inglesi. Per Israele lo scenario si fa subito molto più complicato, dato che la presenza degli anglo-francese su Suez e in generale sul Medio Oriente garantiva il neonato stato ebraico.

Francesi e Inglesi però non possono intervenire con un'operazione militare diretta: lo scenario geopolitico è delicato, l'Europa sta per entrare nella Guerra Fredda e i Russi non tollererebbero un intervento armato in Medio Oriente. Egitto, Siria e Giordania intanto sono sempre più vicini tra loro e costituiscono una minaccia concreta per Israele.

La seconda guerra arabo-israeliana si conclude ancora una volta con un netto predominio dell'esercito ebraico.

La Guerra dei 6 Giorni

La terza guerra arabo-israeliana è nota con il nome di "Guerra dei 6 Giorni". In meno di una settimana infatti le truppe israeliane riuscirono a distruggere in maniera pressoché totale l'intera aviazione di Egitto, Siria e Giordania, peraltro senza lasciare il tempo agli aerei di alzarsi in volo. Prive di copertura aerea le forze di terra arabe vennero poi letteralmente spazzate via in quella che è rimasta celebre come una dimostrazione di forza senza precedenti nella storia militare moderna.

Nel maggio del '67 l'Egitto decide di chiudere la navigazione a tutte le navi israeliane tra gli stretti di Tiran. Per Israele questo è sufficiente per sferrare un devastante attacco preventivo in Egitto, Siria e Giordania. Come è noto in soli sei giorni le truppe arabe vengono annientate e ora lo Stato Ebraico controlla tutta la penisola del Sinai (che verrà restituito all'Egitto soltanto nel 1978), la Striscia di Gaza, la Cisgiordania e le alture del Golan. La Guerra dei 6 Giorni segna uno spartiacque netto tra un prima e un poi: dopo questa massiccia dimostrazione di forza è chiaro che Israele è nettamente superiore nei due elementi più importanti per una guerra moderna, e cioè l'aviazione e le divisioni corazzate.

Inizia in questo modo una seconda fase della colonizzazione palestinese da parte degli ebrei che inviano sempre più coloni nei territori siropalestinesi occupati. In questo modo la Cisgiordania viene occupata da insediamenti agricoli che hanno anche la funzione di avamposti e presidi militari nel territorio, aumentando in maniera esponenziale la tensione in tutto il mondo arabo.

L'ONU prova a ristabilire l'equilibrio nei territori con la risoluzione 242, che prevede il ritiro dei coloni israeliani dai territori occupati a patto che i paesi arabi riconoscano formalmente lo stato ebraico. I primi a rifiutare la risoluzione 242 però sono proprio gli israeliani che sanno di poter contare su una netta superiorità militare nei confronti dei paesi arabi confinanti.

Nasce l'OLP

Nel 1964 nasce ufficialmente l'OLP (Organizzazione per la Liberazione della Palestina), organizzazione che ha come scopo la tutela dei diritti del popolo palestinese. Guidata inizialmente da Ahmad al Shuqayri l'OLP vedrà salire al comando poi Yasser Arafat, l'uomo che, tra luci e ombre, diverrà il simbolo della causa palestinese nel mondo.

Intanto Israele consolida la sua posizione predominante con la Guerra di Libano del '69 e con quella di Giordania del '70. Ogni volta che si tenta un accordo ci si trova nell'impossibilità di trovare una soluzione che metta tutti d'accordo. Per gli stati arabi è inaccettabile la predominanza assoluta di Israele da punto di vista militare, così come Israele non può accettare le attività terroristiche dell'OLP.

La Guerra del Kippur

La quarta guerra arabo-israeliana scoppia nel 1973 e viene ricordata come la Guerra del Kippur. Egitto e Siria provano ad attaccare a sorpresa lo stato ebraico che questa volta viene colto con la guardia abbassata. Egiziani e siriani infatti riescono ad annullare il gap con l'esercito ebraico grazie ad un uso sistematico di razzi anticarro, di missili antiaerei e di artiglieria tradizionale. Israele però capisce che deve cambiare strategia e alla fine esce anche questa volta vincitore, anche se dovrà rinunciare al controllo del Canale di Suez.

L'ONU questa volta però non si limita alla solita risoluzione priva di reale significato e invia truppe militari nella zona. Egitto, Siria e Israele trovano un accordo momentaneo e interrompono le ostilità.

La Guerra del Kippur riveste una notevole importanza storica, può essere definita un vero spartiacque nell'annosa questione palestinese. Da quel momento in poi infatti si cercherà di dare più spazio alle trattative diplomatiche (se si esclude l'invasione del sud del Libano da parte dell'esercito israeliano nel 1978). I risultati non mancano, dato che prima l'Egitto e poi anche la Giordania riconoscono ufficialmente Israele.

Nel 1974 l'OLP è invitato all'O.N.U. come legittimo rappresentante del popolo palestinese. In quella sede Arafat tenne uno storico discorso:

«Quelli che giudicano terroristica la nostra Rivoluzione lo fanno per mistificare l'opinione pubblica mondiale e impedirle di conoscere la realtà, di conoscere il nostro vero volto, il volto della giustizia e dell'autodifesa. Si vuole anche impedire all'opinione pubblica mondiale di conoscere il vero volto del sionismo che è quello del terrore e della tirannia. La differenza tra il rivoluzionario e il terrorista risiede nella ragione della lotta.

Colui che lotta per una causa giusta, colui che lotta per ottenere la liberazione del suo Paese, colui che lotta contro l'invasore e contro lo sfruttamento, come contro la colonizzazione, non può mai essere definito terrorista [...]

No, si tratta di una lotta giusta e legittima, una lotta consacrata dalla Carta della vostra Organizzazione, cioè delle Nazioni Unite, come anche dalla Dichiarazione universale dei diritti dell'uomo [...]

Gli ebrei d'Europa e degli Stati Uniti hanno lottato per dei Paesi laici in cui la Chiesa è separata dallo Stato. Hanno lottato contro la discriminazione che poggia su basi religiose. Come possono rifiutare questo modello sociale alla nostra terra santa? Vi esorto a permettere al nostro popolo di fondare la sua sovranità nazionale indipendente sulla propria terra.

Sono venuto qui tenendo in una mano il ramoscello d'ulivo e, nell'altra, il mio fucile di rivoluzionario. Non lasciate che il ramoscello d'ulivo cada dalla mia mano. La guerra divampa in Palestina e tuttavia la pace sorgerà in Palestina»[14].

---

[14] Marco Fossati, *Terrorismo e terrorismi*, Bruno Mondadori Editori, 2003.

Lo stato ebraico però da questo momento in poi dovrà fare i conti con una vera e propria escalation del terrore. Se infatti si placa la tensione militare a livello internazionale con gli stati arabi esplode in maniera devastante il conflitto interno con l'OLP.

TRA KAMIKAZE E INTIFADA

Nel settembre 1978 si aprono gli accordi di Camp David, una tappa storica nel processo di pacificazione della Palestina. Nel 1979, infatti, Israele firma un trattato di pace con l'Egitto, il primo trattato firmato dallo stato ebraico con un paese arabo.

Nel 1980 Gerusalemme viene dichiarata capitale di Israele che contestualmente annette anche le alture del Golan in Siria, peraltro già occupate da anni. Il processo di pace è però continuamente interrotto da episodi di violenza da ambo le parti, con Israele che non esita a scendere in campo con decisi interventi militare per tutelare i suoi interessi. Come quando nel 1982 viene invaso il Libano durante l'operazione

"Pace in Galilea", rimasta tragicamente nella storia per il massacro di Sabra e Shatila.

Sabra e Shatila

Nei campi profughi arabi di Sabra e Shatila vennero trucidati quasi 2.000 civili palestinesi dai falangisti libanesi sotto il comando delle forze di occupazione israeliane.

Ecco la testimonianza del Dott. Ben Alofs, un medico olandese che nel 1982 lavorava a Beirut Ovest:

«Mentre veniva compiuto il massacro, io lavoravo al Gaza Hospital di Sabra. La situazione era caotica e confusa. Il nostro obitorio si riempì di cadaveri in pochissimo tempo, mentre i feriti venivano trasportati senza sosta.

Il 17 settembre fu chiaro che i falangisti di Saad Haddad (assoldati ed armati da Israele) stavano massacrando la popolazione civile. Un bambino di 10 anni fu trasportato agonizzante all'ospedale. Era vivo, ed aveva trascorso tutta la notte sotto i cadaveri dei suoi genitori, fratelli e sorelle.

Durante la notte, gli assassini venivano aiutati dagli elicotteri israeliani, che illuminavano i campi con le torce. Io lavoravo con un team di medici ed infermieri scandinavi, inglesi, americani, olandesi e tedeschi. C'erano pressioni affinché lo staff dell'ospedale si trasferisse al nord di Beirut ovest.

Sabato mattina 18 settembre fummo arrestati dai miliziani falangisti di Haddad. Ci costrinsero ad abbandonare i feriti ed a lasciare Sabra e Shatila attraverso la strada principale. Passammo attraverso centinaia di donne, bambini ed uomini fatti a ciambella. Vedemmo corpi nelle strade e negli stretti vicoli… I miliziani spararono contro la nostra auto, chiamandoci "Baader-Meinhof".

Un'infermiera palestinese, che credeva di essere salva con noi, fu identificata e trasportata dietro un muro. Dopo poco udimmo gli spari. Appena prima di uscire dal campo, vidi un'immagine che resterà per sempre nella mia mente: un grosso cumulo di terra rossa da cui fuoriuscivano braccia e gambe. Fuori del campo vi era un bulldozer dell'esercito israeliano. Lungo il perimetro sud ed ovest del campo, blindati e carri armati israeliani.

Dopo averci interrogati nel loro quartier generale, i falangisti ci consegnarono al comando israeliano distante appena 75 metri. Era una costruzione di 4-5 piani ai bordi di Shatila (qualche settimana dopo salii all'ultimo piano. Offriva una visuale perfetta del campo). I soldati israeliani sembravano a disagio al cospetto di più di 20 americani ed europei.Ci chiesero cosa volessimo. Tornare al Gaza Hospital, dicemmo. Impossibile, fu detto, troppo pericoloso.

Infine, a due di noi fu permesso raggiungere l'ospedale con un lasciapassare in ebraico ed arabo. Appariva chiaro che c'era coordinazione tra gli israeliani ed i falangisti. Anzi, gli israeliani sembravano avere il controllo su di essi. E se anche fosse stato impossibile agli israeliani vedere cosa avveniva nei campi, singoli soldati furono informati del massacro da reporter che uscivano da Sabra, ma nessuno mosse un dito per fermare la carneficina. Anzi, gruppi di civili che tentavano di scappare dai campi, sventolando fazzoletti bianchi, venivano rispediti indietro, verso la morte. Anche il sabato che lasciammo i campi, vedemmo milizie falangiste fresche che vi entravano sotto la supervisione israeliana [...]»[15].

Robert Fisk è uno dei massimi esperti di Medio Oriente, uno dei pochissimi giornalisti occidentali che è riuscito ad intervistare Osama bin Laden. Robert Fisk, all'epoca dei fatti

---

[15] Pauline Cutting, *Children of the Siege*, Whilliam Heniman, 1988.

corrispondente del quotidiano britannico The Independent, riuscì a penetrare nel campo nell'immediatezza del massacro.

Ecco la sua testimonianza:

«Era un omicidio di massa, [...] un'atrocità. Andava persino oltre quello che Israele avrebbe definito, in altre circostanze, attività terroristica. [...] c'erano donne che giacevano nelle loro case con le gonne tirate sopra la cintola e le gambe aperte, bambini con le gole tagliate, file di giovani uomini fucilati dopo essere messi al muro per l'esecuzione.

C'erano bambini – bambini anneriti perché massacrati più di 24 ore prima e i loro piccoli corpi ancora in stato di decomposizione – gettati assieme ai mucchi di spazzatura assieme a lattine di razioni militari lasciate dagli americani, equipaggiamenti israeliani e bottiglie di whisky [...]»[16].

---

[16] Robert Fisk, *Sabra and Chatila taught me all massacres become 'alleged massacres' if we don't pay attention*, The Independent, 12 dicembre 2019,

Gli attacchi suicidi

Gli anni '80 segnano anche l'inizio degli attacchi suicidi contro obiettivi militari o civili israeliani. Si tratta della tecnica dei kamikaze giapponesi. La parola kamikaze significa letteralmente "vento divino". Il termine venne utilizzato per la prima volta 1274 per definire il vento che sorse all'improvviso e distrusse provvidenzialmente la potente flotta di Khulbai Khan che stava per invadere il Giappone. L'evento si ripeté più o meno uguale pochi anni dopo, nel 1281, sempre contro l'invasore mongolo, e da allora divenne un termine di uso comune.

Durante il secondo conflitto mondiale con la parola kamikaze vennero definiti i piloti che andavano volontariamente a schiantarsi contro le navi delle truppe alleate. Si trattava di chiari attacchi militari compiuti da forze armate regolari, anche se la loro modalità estrema e inusuale per le truppe occidentali destò molto scalpore all'epoca.

Quello che è successo a partire dai primi anni '80 in Israele e nei territori occupati, e ben preso poi in tutto il mondo, è invece qualcosa di profondamente diverso. In Medio Oriente infatti assistiamo ad una serie di attacchi suicidi compiuti da civili, definiti terroristi dalle forze regolari e "partigiani" o "combattenti per la libertà" da quelle della guerriglia. Anche gli obiettivi degli attacchi sono per lo più civili, elemento che genera una vera e propria psicosi tra la popolazione.

La comunità internazionale riconosce normalmente come prima azione kamikaze in Medio Oriente l'attentato contro l'ambasciata irachena di Beirut del 1981. Da quel momento in poi Hezbollah, organizzazione politico militare libanese, farà degli attentati kamikaze il suo marchio di fabbrica.

Israele diventa la vittima principale dei gruppi terroristi mediorientali che si continuano ininterrottamente dagli anni '80 all'interno e all'esterno dello Stato Ebraico, colpendo obiettivi israeliani ma anche di stati che appoggiano in maniera aperta la politica ebraico.

A nostro avviso però in questo scenario di terrore e disperazione è importante citare anche il caso dell'attentato compiuto da Kozo Okamoto e da altri due terroristi della Nihon Sekigun (Japanese Red Army) nel 1972 al Lod International Airport (l'attuale aeroporto Ben Gurion). Questo attacco infatti può essere definito una variante del classico attentato suicida, il cosiddetto "no escape attacks".

Il 30 maggio del '72 un gruppo di terroristi giapponesi attacca con mitragliatori e granate l'aeroporto di Lod compiendo una strage: 26 morti e 80 feriti. Due terroristi si fanno esplodere durante l'attacco con delle granate.

Molti analisti individuano in questo episodio il punto di contatto tra le popolazioni palestinesi e la tecnica degli attentati suicidi, ipotizzato che sia stata proprio la Japanese Red Army a "istruire" le popolazioni arabe dei territori nella strategia degli attacchi kamikaze, insegnando loro strategie e modus operandi. Lo stesso Okamoto tenta di farsi esplodere durante l'attentato con una granata ma il suo tentativo fallisce e, nonostante le gravi ferite, sopravvive allo scoppio. Verrà condannato all'ergastolo in Israele, anche se poi nel 1985 sarà rilasciato come parte di uno scambio di prigionieri tra Israele e i miliziani palestinesi.

Da quel momento Okamoto vive in Libano con gli altri superstiti dell'Armata Rossa Giapponese, anche se resta ufficialmente ricercato dal suo governo. Okamoto ha ricevuto l'asilo politico in Libano perché "ha partecipato in operazioni di resistenza contro Israele ed era stato torturato nelle prigioni israeliane":

«Nelle carceri israeliane Kozo è stato messo in completo isolamento non c'era niente nella cella in cui viveva, era insonorizzata e non poteva sentire alcun rumore. In quella stanza lo hanno tenuto circa sette anni con le mani legate dietro la schiena. Gli buttavano il cibo per terra costringendolo a mangiare come un cane. Gli chiedevano di abbaiare»[17].

Attualmente vive nel campo profughi palestinese di Elias, nei pressi di Beirut. È l'unico sopravvissuto della Nihon Sekigun.

Fondata da Fusako Shigenobu nel febbraio 1971 la Nihon Sekigun è stata un'organizzazione terrorista molto attiva, con più di 400 membri che si sono alternati tra le sue fila nel corso degli anni. Negli anni la Nihon Sekigun ha stretto legami molto intensi con il Fronte Popolare per la Liberazione della Palestina, ecco perché in molti hanno ipotizzato che i terroristi islamici abbiano appreso proprio dai membri dell'Armata Rossa Giapponese la tecnica degli attentati suicidi. La Nihon Sekigun si è sciolta ufficialmente il 14 aprile 2001.

---

[17] Patricia Steinhoff, *Portrait of a Terrorist: interview with Kozo Okamoto*, Asian Survey Vol. 16, No. 9 (Sep., 1976), University of California Press.

Terrorismo senza confini

Il terrorismo arabo, sopratutto quello arabo-palestinese, anche se come abbiamo visto ha alcuni punti in comune con altri gruppi terroristici sorti in tutto il mondo nel secondo dopoguerra, ha comunque una connotazione assolutamente originale. Nessun altro gruppo terroristico ha mai avuto un raggio d'azione planetario come invece è accaduto con il terrorismo arabo-palestinese.

Tra il 1968 e il 1986 possiamo contare 565 operazioni terroristiche organizzate da gruppi arabo-palestinesi al di fuori dello Stato di Israele. Questi attentati hanno provocato 498 morti e 1.783 feriti. Interessante notare anche la distribuzione geografica degli attacchi terroristici: 64 attentati in Italia, 61 in Francia, 52 nella Germania Ovest, 35 in Grecia e 23 in Gran Bretagna, seguono poi molti altri stati in tutto il mondo.

Nel ventennio '68-'88 il terrorismo palestinese crea le basi per quell'internazionale del terrorismo panarabo che toccherà il suo apice nel 2001 con gli attacchi alle Torri Gemelle e al Pentagono.

All'interno di un fenomeno che resta comunque molto complesso e variegato, è comunque possibile individuare tre macro-aree:

1. Azioni riconducibili alle ambizioni della Siria di rivestire un ruolo predominante in tutto il Medioriente. Come conseguenza di questo atteggiamento politico ogni tentativo di riportare la pace in Medioriente attraverso un accordo che non prevedesse una sorta di "pax siriana" è stato brutalmente interrotto.

2. Terrorismo puramente anti-occidentale e anti-modernista che si ha trovato il suo massimo esponente politico in Khomeini. In questo contesto Israele è sicuramente una vittima privilegiata ma tanto per questioni religiose, piuttosto perché considerato come un territorio occidentale all'interno dell'area mediorientale.

3. La terza tipologia è quella che si sviluppa in reazione alla cultura occidentale come vero e proprio fenomeno anti-coloniale.

Il terrorismo palestinese, che naturalmente ha in Israele il bersaglio prediletto, appartiene prevalentemente alla seconda e alla terza tipologia.

<u>L'Intifada</u>

Il 1987 è l'anno dell'Intifada, movimento di rivolta popolare che punta a cacciare gli ebrei dai territori occupati. La parola "intifada" in arabo significa "scrollarsi di dosso", espressione che spiega in maniera molto chiara gli obiettivi del movimento. Per la prima volta i palestinesi scelgono una strategia diversa dalla violenza mettendo in atto azioni di disobbedienza civile, oppure con gesti palesemente simbolici come il lanciare pietre contro i carri armati.

L'Intifada può essere considerata una vera e propria guerra di indipendenza dei palestinesi nei confronti di Israele. Si trattava di una battaglia puramente politica, anche se prese le mosse in risposta a condizioni di vita a dir poco intollerabili.

L'Intifada, che ben presto divenne un puro movimento nazionalista palestinese, si alimentò negli anni dalla frustrazione, dalla rabbia popolare, dalla povertà dei 650mila arabi bloccati nella Striscia di Gaza, dei 900mila che si trovavano in Cisgiordania e anche dei 130mila residenti di Gerusalemme Est che vivevano in condizioni durissime.

Ecco cosa disse Rashad a-Shawa, ex sindaco di Gaza, appena tre giorni dopo l'inizio dell'Intifada:

«Eventi di questo genere ce li si può aspettare dopo 20 anni di dura occupazione. La gente ha perso qualunque speranza. È terribilmente frustrata. Non sa cosa fare. Ha abbracciato il fondamentalismo religioso, che considera l'ultima risorsa.

Non spera più che Israele riconoscerà i suoi diritti. E pensa che anche i paesi arabi non muoveranno più un dito in suo favore. Pensa che anche l'OLP, che considera il suo rappresentante, non abbia concluso nulla. Quello che è successo è l'espressione della frustrazione e del dolore per il prolungarsi dell'occupazione israeliana»[18].

Questo è anche il periodo in cui Hamas inizia a mettere radici nei territori. L'OLP sembra troppo debole, troppo perso alla ricerca di una soluzione diplomatica. Hamas propone la via della violenza, del terrorismo, e trova molti sostenitori tra i profughi, ma anche tra chi vive nelle zone occupate.

[18] Benny Morris, op. cit.

Palestina

78

GLI ANNI DEI NEGOZIATI

Gli ultimi dieci anni del Novecento sono caratterizzati dall'intensificarsi dei negoziati internazionali. La comunità araba infatti si è convinta che uno Stato Ebraico in Palestina non è più un qualcosa di transitorio, un accidente della storia, ma una realtà concreta e duratura con cui dovranno fare i conti per decenni.

Israele si è dimostrata inamovibile e può contare su una superiorità militare evidente, per questo le nazioni arabe sono costrette di fatto ad accettare la sua presenza. Il prezzo da pagare per una guerra infinita contro un nemico ostico come Israele sarebbe troppo alto per nazioni come la Giordania, che proprio per questo motivo iniziano ad assumere un atteggiamento più soft nei confronti dello Stato Ebraico. Anche l'OLP in questo periodo si smarca sempre di più dalle azioni violente ed è diventato a tutti gli effetti un soggetto politico da cui non si può prescindere, tanto che al vertice di Washington del 1993 Israele riconosce l'OLP come l'unico rappresentate politico del popolo palestinese. In quello storico incontro, fortemente voluto dal presidente Clinton, Israele si impegna a ritirarsi definitivamente dalla Striscia di Gaza entro il 1994.

Ecco le parole con cui Rabin introdusse quell'accordo:

«Siamo venuti da una terra angosciata e sofferente [...] Siamo venuti cercando di mettere fine alle ostilità perché i nostri figli e i figli dei nostri figli, non debbano più conoscere il prezzo doloroso della guerra, della violenza e del terrore. Permettete che dica a voi, i palestinesi, che siamo destinati a vivere fianco a fianco, sullo stesso suolo e nella stessa terra [...] Oggi vi diciamo basta col sangue e le lacrime. Basta! Non abbiamo desideri di vendetta. Non nutriamo alcun odio verso voi»[19].

---

[19] Itamar Rabinovich, *Yitzhak Rabin: Soldier, Leader, Statesman*, Yale Univ Press, 2018

Anche Simon Peres, nel suo discorso all'Assemblea Generale delle Nazioni Unite nel settembre del '94, pronuncia parole di grande apertura e speranza, anche se viste col senno di poi possono sembrare tristemente profetiche:

«[…] L'accordo di pace tra noi e i palestinesi non è solo un'intesa firmata da leader politici. È un impegno importante e progressivo nei confronti della generazione futura - di arabi e israeliani, cristiani, musulmani e ebrei. Sappiamo che non è sufficiente dichiarare la fine della guerra. Dobbiamo cercare di estirpare le radici di tutte le ostilità. Se eliminiamo solo la violenza, ma ignoriamo la miseria, potremmo scoprire di aver barattato una minaccia per un altro pericolo»[20].

Purtroppo ancora una volta gli accordi restano soltanto parole sulle carta, dato che è profondamente cambiata la percezione che gli Stati Arabi hanno di Israele.

[20] Shimon Peres, *No Room for Small Dreams: Courage, Imagination, and the Making of Modern*, Custom House, 2014.

L'assassinio di Yitzhak Rabin

Nel 1995 Yitzhak Rabin, il premier israeliano, viene assassinato da un commando dell'estrema destra ebraica. Israele intanto è dilaniato da attacchi kamikaze che creano uno stato di tensione e terrore costante all'interno del paese. La situazione è tesissima ma, contrariamente a quanto sperato dagli estremisti israeliani e anche da molti guerriglieri palestinesi, il nuovo premier israeliano sigla un accordo con l'OLP.

Israele però continua con gli insediamenti dei coloni nei territori occupati mentre gli arabi rispondono con atti di guerriglia e terrorismo. Se fino a un paio di anni prima sembrava che si fosse imboccata la strada giusta (non dimentichiamo il Premio Nobel 1994 per la Pace a Rabin e a Arafat), ora è chiaro che da ambo le parti non c'è la volontà di trovare un accordo. Hamas ha avvelenato il clima con la nuova strategia degli attentati suicidi, attentati che hanno un impatto emotivo devastante sulla popolazione e sull'opinione pubblica, dimostrando in maniera sempre più evidente la follia di un conflitto che ormai è diventato infinito.

Israele e il mistero della Bomba Atomica

A oggi non si hanno conferme ufficiali sul fatto che lo Stato Ebraico sia in possesso di un ordigno nucleare. Israele infatti non ha mai confermato ufficialmente la vox populi che vorrebbe gli ebrei capaci di sferrare un attacco nucleare contro i loro avversari, ma da parte del governo israeliano non ci sono mai state neanche smentite. Si tratta di una scelta precisa da parte di Israele, una scelta che è stata definita "ambiguità strategica". In pratica il governo israeliano riesce a garantirsi un livello massimo di deterrenza nucleare senza doversi accollare i problemi politici di una situazione di questo tipo.

Gli analisti internazionali, infatti, sono tutti concordi nel ritenere che Israele abbia nel suo arsenale anche armi nucleari, ma non essendoci dichiarazioni ufficiali a questo proposito lo Stato Ebraico può evitare tutti i controlli e le problematiche politiche connesse.

Ci sono stati in passato diversi casi in cui si ha avuto conferma indiretta del fatto che Israele sia in possesso di armi atomiche. Stiamo parlando di indiscrezioni giornalistiche, come le dichiarazioni dell'ex tecnico nucleare israeliano Mordechai Vanunu fatte al Sunay Times nel 1986, ma anche di un lavoro di intelligence fatto dai servizi segreti delle principali potenze mondiale. Si tratta comunque di memorandum riservati che non sono mai stati resi noti a livello ufficiale e che, di conseguenza, non possono essere considerati come vere e proprie prove.

Da queste indiscrezioni emerge comunque un quadro abbastanza preciso: Israele infatti avrebbe iniziato a sviluppare un programma nucleare già nel 1968 grazie all'aiuto dei francesi. Il centro di ricerca nucleare di Dimona sembra essere stato il primo centro in cui gli israeliani abbiano lavorato al loro arsenale nucleare. Nonostante l'ispezione di esperti nucleari statunitensi sul finire degli anni '60 il centro di Dimona continuò comunque a essere operativo. Bisogna precisare che, per lo meno ufficialmente, Israele non hai mai condotto test nucleari. Anche in questo caso però sembra che le cose stiano diversamente: Israele avrebbe condotto test segreti con la collaborazione delle autorità sudafricane, particolare che emerse nel settembre del 1979 in occasione del famose "incidente di Vela". Nel settembre del '79 infatti un satellite statunitense Vela rivelò un'esplosione in tutto e per tutto simile a un'esplosione nucleare a sud delle coste sudafricane.

Oggi comunque nessuno mette più in dubbio il fatto che Israele sia in possesso di armi atomiche, tanto che esistono cifre semi-ufficiali (peraltro mai ufficialmente smentite) che parlano di un arsenale nucleare compreso tra le 80 e le 200 testate comprendente armi all'idrogeno e, molto probabilmente, anche al neutrone.

Mappa del 2004 con i confini
di Israele e dei territori arabo-palestinesi
(la Striscia di Gaza, le alture del Golan e
la Cisgiordania, detta anche West Bank).

L'ULTIMA FASE

Nel 2004 Arafat muore e si apre l'ultima fase del conflitto arabo-palestinese. La violenza diventa sempre più quotidiana, con una vera e propria guerriglia messa in atto dalla popolazione palestinese. Israele risponde con azioni militari strategiche, ma la disparità delle forze in campo è talmente evidente che non c'è nessuna possibilità che si arrivi ad una conclusione. La situazione, infatti, è analoga a quella già vista in Vietnam o in Afghanistan: per quanto potente possa essere forte e decisa la reazione di Israele ad ogni azione palestinese, da un punto di vista concreto lo stato ebraico non potrà mai vincere.

Hamas, proprio come i vietcong in Vietnam o i mujhaeddin in Afghanistan ha come unico scopo l'annientamento del nemico e non ha nessun problema a utilizzare i civili come scudi umani. La vita e la morte in un contesto di questo genere hanno un valore che non può essere parametrato secondo gli schemi mentali delle democrazie moderne.

Ecco cosa diceva il Generale Giap a proposito dell'impiego delle forze vietcong durante la guerra contro gli Stati Uniti:

«Potete anche uccidere dieci miei uomini, mentre io ne uccido soltanto uno dei vostri, ma anche con questa disparità voi perderete e io vincerò. [...] Ogni minuto, sul pianeta terra, muoiono centinaia di migliaia di persone. Non attribuisco particolare importanza alla vita o alla morte di cento, mille, diecimila esseri umani, anche miei compatrioti. Siamo disposti a combattere dieci, quindici, venti, cinquant'anni. Non importa quanto ci costerà, l'unica cosa che conta è la nostra vittoria finale»[21].

Il punto centrale di questo conflitto infinito è tutto qui, in questa posizione assurda e incomprensibile. L'enorme sproporzione delle

---

[21] Richard J. Samuelson, *La guerra del Vietnam*, LA CASE Books, 2021.

forze in gioco, l'assurda spettacolarizzazione del dolore e delle vittime da parte dei media, la radicalizzazione dell'odio e uno scenario geopolitico globale sempre più dilaniato dall'insicurezza e dal terrorismo hanno fatto il resto. Non va dimenticato poi che attualmente nella Striscia di Gaza, un territorio di circa 360 chilometri quadrati, vivono quasi 2 milioni di abitanti in condizioni a dir poco inumane.

Ogni azione, ogni parola, ogni singolo morto non fanno altro che alimentare l'odio, da una parte e dall'altra. La disperazione è la linfa vitale del terrorismo, come ha ben sintetizzato Giulio Andreotti, celebre statista italiano che ha giocato un ruolo centrale nella politica del secolo scorso:

«Se fossi nato in un campo profughi del Libano, forse sarei diventato anch'io un terrorista»

A partire dal 2006 inoltre è in corso una dura guerra tra Hamas, che ha vinto le elezioni, e Al Fatah, con reciproci attacchi che hanno causato la divisione nei fatti, tra la Cisgiordania e la striscia di Gaza. A parole Israele e Hamas ripetono la litania dei "due stati per due popoli", ma poi nei fatti dimostrano che nessuno vuole davvero questa soluzione.

Israele continua con la politica degli insediamenti dei coloni nei territori occupati, mentre Hamas continua a reclutare nuovi terroristi. Gli eventi drammatici del 2014 hanno portato alla ribalta internazionale una crisi che è costante e che, a intervalli regolari, deflagra in maniera sanguinaria.

In una recente intervista alla CNN il premier israeliano Netanyahu ha cercato di giustificare con queste parole il comportamento dello suo popolo:

«Provi a immaginare cosa sta passando Israele. Immagini se il 75% della popolazione degli Stati Uniti fosse a portata di missili nemici, e avesse 60-90 minuti di tempo per raggiungere i rifugi. Non dico solo New York, ma New York, Washington, Chicago, Detroit, San Francisco, Miami... scelga lei. È impossibile. Non si può vivere così.

Penso che occorra ripristinare una serenità e una sicurezza sostenibili. E intraprenderemo qualsiasi azione sarà necessaria a raggiungerle. Negli ultimi giorni Hamas ha lanciato duemila missili sulle nostre città. E non solo: intendono uccidere il maggior numero possibile dei sei milioni di israeliani che vivono a portata dei loro missili.

Non ci sono riusciti, e non per mancanza di volontà, ma perché noi, con l'aiuto degli americani, siamo migliorati. Proviamo tristezza per ogni civile che viene ucciso. Non è nelle nostre intenzioni. È questa la differenza tra noi e loro.

Hamas prende deliberatamente di mira i civili e deliberatamente si nasconde tra la popolazione civile. Nascondono tra i civili i loro soldati, i loro missili e le altre armi. Che scelta ci resta? Dobbiamo proteggerci. Ecco perché cerchiamo di prendere di mira coloro che lanciano i missili, è chiaro. Non intendiamo colpire i civili, è Hamas che intende farceli colpire»[22].

In uno scenario geopolitico e culturale simile a nostro avviso parlare di pace è, purtroppo, pura follia.

----

[22] Wolf Blitzer, *Netanyahu to CNN's Wolf Blitzer: "I support taking whatever action is necessary to stop this insane situation…"*, CNN, 20 luglio 2014.

Palestina

UNA SOLUZIONE (IM)POSSIBILE

C'è anche chi ha ipotizzato una soluzione utopica alla violenza che insanguina la Palestina da decenni. Non due popoli in due stati, ma due popoli in un unico stato. Soltanto uno stato laico, capace di garantire pari diritti e doveri ai suoi cittadini a prescindere dal fatto che siano musulmani o ebrei, può infatti risolvere definitivamente un odio che sembra destinato a non finire mai.

Allo stato attuale delle cose però uno scenario di questo tipo è assolutamente utopico dato che il l'estremismo religioso sembra invece radicalizzarsi sempre di più, giorno dopo giorno, attentato dopo attentato, missile dopo missile, morto dopo morto. Basta rileggere alcune dichiarazioni fatte nel 1995 da Hafez Azam, responsabile della Jihad a Gaza, per capire la follia di un conflitto che sembra destinato a non finire mai:

«Noi riteniamo che la Palestina sia interamente nostra in base alla logica del Corano, della storia e della ragione. Forse l'equilibrio delle forze oggi non è favorevole a noi né alla umma islamica. Ma noi continueremo a credere che la Palestina è tutta nostra»[23].

C'è anche un motivo molto concreto per cui Israele si opporrebbe in maniera netta a questa soluzione: le popolazioni arabe nei territori sono demograficamente molto superiori agli ebrei israeliani che, in questo modo, si troverebbero inevitabilmente in minoranza. Il nodo del problema demografico si fa sempre più stretto, dato che tutti gli analisti sono concordi nel prevedere una continua crescita delle popolazioni arabe nei territori, mentre al contrario Israele assiste da anni a un continuo e irreversibile calo demografico.

---

[23] *O noi o loro, Colloquio di Abdennour Benantar con Hafez Azam, responsabile della Jihad a Gaza*, LIMES, 3 dicembre 1995

Senza parlare poi dei rifugiati che attualmente sono circa 7 milioni: basterebbe il ritorno nei territori israeliani degli arabi sfollati a forza per sconvolgere gli equilibri demografici del paese, ed infatti Israele ha sempre rifiutato categoricamente ogni ipotesi di questo tipo. L'eventuale unico stato palestinese dovrebbe quindi essere un soggetto neutro gestito in maniera transnazionale da una eventuale terza parte, come ad esempio l'ONU. Va da sé che una soluzione del genere è davvero molto, molto utopistica.

La soluzione dei due stati per due popoli dovrà sempre confrontarsi con un problema apparentemente irrisolvibile, vale a dire la gestione della città di Gerusalemme, a cui gli ebrei non hanno nessuna intenzione di rinunciare.

Di contro gli arabi vivono la questione di Gerusalemme come una ferita insanabile, come ha scritto a questo proposito Edward W. Said:

«[...] Se l'assetto della Cisgiordania è stato modificato a favore di Israele, quello di Gerusalemme è stato completamente cambiato. L'annessione di Gerusalemme est nel 1967 ha aggiunto 70 chilometri quadrati allo Stato di Israele [...] Dal 1967 Gerusalemme Est viene sistematicamente giudaizzata, i suoi confini sono gonfiati, si costruiscono immensi complessi residenziali, nuove strade e tangenziali, in modo che sia palesemente e virtualmente impossibile restaurarla e che per la popolazione araba diventi quasi inabitabile»[24].

La posizione di Israele resta molto netta, nonostante gli attentati, nonostante le trattative. A questo proposito riportiamo un estratto di un'intervista del 1997 a Benjamin Netanyahu, all'epoca primo ministro dello Stato di Israele, da cui appare evidente come Gerusalemme resti una priorità assoluta non negoziabile per gli israeliani:

«È largamente diffusa l'idea che noi abbiamo tradito i nostri impegni. Chiunque abbia letto i miei libri o ascoltato i miei discorsi, tuttavia, potrà constatare che non vi è stata alcuna deviazione dalla nostra linea politica. Mi spiego meglio: ho detto che saremmo arrivati a un accordo con i palestinesi che implicasse delle clausole circa l'autonomia palestinese, il mantenimento del controllo israeliano sugli insediamenti ebraici in Giudea e Samaria e dispositivi di sicurezza che consentano a Israele di difendersi. È precisamente quello che oggi facciamo.

[24] Edward W. Said, *Orientalismo. L'immagine europea dell'Oriente*, Feltrinelli, 2013.

È vero che all'inizio del processo di pace non eravamo favorevoli a questo accordo e aggiungo che avanziamo ancora un certo numero di critiche a questo riguardo. Il nostro attuale obiettivo è quello di mantenere un'autonomia palestinese priva di alcune prerogative che potrebbero mettere in pericolo il nostro paese, ma è soprattutto quello di salvaguardare la terra dei nostri avi, proteggere Gerusalemme e difendere Israele [...]»[25].

---

[25] La mia idea di autonomia di Paese, intervista a Benjamin Netanyahu, LIMES, 5 gennaio 1997.

ODIO INFINITO

Tra Israele e Palestina sembra essersi scatenato ormai un odio talmente profondo che è perfino inutile stare a discutere su chi ha ragione e chi ha torto, su concetti come giusto e sbagliato. Rileggendo oggi l'infinito scontro arabo-israeliano appare chiaro che l'unico elemento capace di esercitare una certa influenza moderatrice tra i vari soggetti in gioco è stata la violenza.

Nel lungo periodo ogni sforzo diplomatico è risultato vano, l'unica forma di convincimento possibile sembra essere stata l'uso della forza, come se i due popoli abbiano accettato di sedersi di fronte a un tavolo a discutere di pace soltanto perché costretti dall'intensificarsi della violenza.

Si arriverà mai a un punto di non ritorno in cui entrambe le parti metteranno da parte ogni forma di violenza? Quando la pace diventerà davvero la prima scelta di arabi e israeliani?

APPENDICE A:
I PERSONAGGI

Yasser Arafat

Storico leader del popolo palestinese, Arafat e la sua kefiah (indossata per la prima volta nel 1956 a una conferenza internazionale in Cecoslovacchia) sono diventati negli anni il simbolo della lotta contro Israele. Nel 1994 è stato insignito del Premio Nobel per la Pace insieme ai politici israeliani Simon Peres e Yitzhak Rabin. Nonostante tutto la sua figura non è stata esente da critiche, e il suo stesso operato negli anni ha nascosto molte ombre. È stato accusato di aver fatto fallire deliberatamente gli accordi di Camp David nel 2000, dimostrando così, a detta dei suoi detrattori, di non volere la pace con Israele. Si vociferava che il suo patrimonio personale superasse il miliardo di dollari, cosa che naturalmente ha fatto sorgere non poche polemiche. Nel 1996 è stato eletto Presidente dell'Autorità Nazionale Palestinese, l'ANP, carica che ha ricoperto fino alla sua morte (2004). All'epoca della sua morte nessuno mise in dubbio che si trattasse di morte naturale, ma nel 2012 la sua ultima moglie fece riesumare il cadavere. La successiva autopsia trovò nei resti del leader palestinese tracce di polonio, elemento radioattivo letale che ha fatto pensare ad un avvelenamento. Nessuna inchiesta ufficiale ha mai confermato questa ipotesi.

David Ben Gurion

David Ben-Gurion è stato uno dei fondatori dello Stato di Israele, il primo politico a ricoprire il ruolo di Primo Ministro e, contemporaneamente, anche il ruolo di Ministro della Difesa. Il suo ruolo politico e militare nella diffusione e nella spinta del sionismo prima, e nella fondazione e nella difesa di Israele è stato fondamentale.

Abu Mazen

È stato uno dei fondatori dell'organizzazione Al Fatah. Entrato nel Consiglio Nazionale Palestinese nel 1968, a partire dal 1981 è un membro dell'OLP. Partecipa attivamente ai colloqui di pace di Madrid nel 1991 e di Oslo del 1993. Nel 2003 diventa Primo Ministro anche se subito dopo viene scalzato da Arafat. Nel gennaio 2005 viene eletto alla presidenza dell'Autorità Nazionale Palestinese (ANP). Questa volta è lui a prendere il posto di Arafat, morto l'anno precedente. Anche se il suo mandato è scaduto nel 2008 ad oggi è ancora in carica (2014).

Benjamin Netanyahu

Benjamin Netanyahu, esponente del partito conservatore Likud, è stato premier dello Stato di Israele dal 1996 al 1999 e poi ancora dal 2009 a oggi (2021). È uno dei principali esponenti della destra nazionalista israeliana, è il primo leader ad esser nato nel Paese dalla sua fondazione nel 1948 ed è il più longevo Premier della storia d'Israele

Shimon Peres

Politico israeliano, venne eletto per la prima volta Presidente dello Stato di Israele nel 2007, dopo essere già stato primo ministro dal 1984 al 1986 e dal 1995 al 1996. Anche lui, come Rabin e Arafat, è stato insignito del Premio Nobel per la Pace nel 1994.

Yitzhak Rabin

Politico è militare israeliano, è stato insignito del Premio Nobel per la Pace nel 1994. Rabin è stato il primo capo del governo dello stato d'Israele ad essere nato all'interno dei confini del nuovo Stato Ebraico (era nato a Gerusalemme nel 1922). Venne ucciso in un attentato da un gruppo di estrema destra israeliano nel 1995.

Ariel Sharon

Ariel Sharon è stato militare e un politico israeliano. È morto nel 2014 dopo essere stato in coma vegetativo per 8 anni. Sharon è stato premier di Israele dal 2001 al 2006, e in precedenza generale. La commissione d'inchiesta israeliana sul massacro di Sabra e Shatila ha individuato nell'operato dell'allora generale Sharon la responsabilità dell'accaduta.

APPENDICE B:
CRONOLOGIA

135 d.C

Bar Kokhba guida l'ultima rivolta ebraica contro l'impero romano che annienta la ribellione. Comincia così la diaspora ebraica in tutto il mondo.

1896

Theodor Herzl scrive Lo Stato Ebraico, base politica del sionismo

1897

A Basilea si riunisce il primo congresso Sionista.

1917

Con la Dichiarazione Balfour gli inglesi prendono posizione in favore della formazione di uno Stato Ebraico in Palestina.

1920

Le potenze vincitrici della Prima Guerra Mondiale si spartiscono i resti del vecchio Impero Ottomano. La Palestina é assegnata alla Gran Bretagna che crea un protettorato britannico che inizia a favorire l'emigrazione ebraica.

1922

La Società delle Nazioni ratifica il mandato britannico sulla Palestina.

1929

Viene costituita l'Agenzia Ebraica al fine di favorire l'emigrazione e la formazione di colonie ebraiche in Palestina.

1939

Moti arabi contro la sempre più invadente presenza di ebrei in Palestina. Gli inglesi intanto con il Libro Bianco impongono una serie di limitazioni alla migrazione ebraica verso i territori palestinesi.

1939-45

Il mondo è devastato dalla Seconda Guerra Mondiale.

1944

Il gruppo paramilitare sionista Stern uccide al Cairo il Ministro britannico per il Medio Oriente. Riprendono gli attentati contro gli arabi e in alcuni casi contro le forze britanniche.

1946

Un attentato del gruppo sionista Irgun demolisce quasi completamente l'Hotel King David che ospita i servizi principali dell'amministrazione civile della Palestina, rimangono uccise 91 persone in prevalenza inglesi ed arabi.

1947

La Gran Bretagna rinuncia al suo mandato sulla Palestina e porta la questione davanti alle Nazioni Unite. Il 29 novembre l'Assemblea Generale dell'ONU adotta la risoluzione 181 per la divisione della Palestina in due stati e una zona internazionale per Gerusalemme. I gruppi sionisti intensificano gli attacchi contro i villaggi arabi puntando alla distruzione delle case così da impedire il ritorno della popolazione palestinese.

1948

Il 4 maggio termina ufficialmente il mandato britannico. Dieci giorni dopo viene proclamata ufficialmente la nascita dello Stato di Israele. Il giorno dopo le forze armate egiziane, irachene, siriane, libanesi e transgiordane entrano in Palestina. Scoppia la prima guerra arabo-palestinese.

1948-1949

Prima guerra arabo-palestinese: Israele dimostra di essere militarmente superiore a tutti gli stati arabi coinvolti nel conflitto. Lo Stato Ebraico occupa Lydda, Ramleh, Nazareth, a ottobre occupa il deserto del Neghev e la Galilea. Tra gennaio ed aprile del '49 vengono firmati gli accordi di Rodi tra lo Stato di Israele e la maggioranza degli Stati Arabi. L'11 maggio 1949 l'ONU riconosce lo Stato di Israele, mentre l'11 dicembre dello stesso anno viene adottata la risoluzione 194 che prevede il diritto al rientro dei profughi palestinesi.

1950

Annessione della Cisgiordania da parte della Giordania, mentre l'Egitto prende il controllo di Gaza.

1951

Israele rifiuta il piano di pace dell'O.N.U. accettato da Siria, Egitto, Libano e Giordania.

1956

L'Egitto decide di nazionalizzare il Canale di Suez. In risposta a questa azione di forza Israele scende in guerra contro i Paesi Arabi ottenendo una nuova vittoria.

1964

Il 29 maggio nasce l'OLP, l'Organizzazione per la Liberazione della Palestina.

1967

È l'anno della Guerra dei 6 Giorni: Israele dà una prova di forza impressionante e occupa il Sinai, Gaza, le alture del Golan, la parte araba di Gerusalemme (la cosiddetta "Città Vecchia") e la Cisgiordania. A un mese dalla guerra i profughi palestinesi sono già 100 mila, diventeranno 300 mila, Israele inizia subito la politica di insediamento dei coloni. Il 22 novembre l'ONU approva la risoluzione 242 che prevede il ritiro delle forze israeliane dai territori occupati.

1969

Arafat diventa presidente del Comitato Esecutivo dell'OLP.

1970

L'8 luglio a Beirut viene assassinato da un commando israeliano Ghassan Kanafani, intellettuale, scrittore ed artista palestinese. Wail Zwaiter, rappresentante dell'OLP, viene invece ucciso da un altro commando israeliano a Roma. Durante i Giochi Olimpici di Monaco l'organizzazione palestinese Settembre nero attacca la delegazione israeliana.

1973

A ottobre scoppia la Guerra del Kippur: Egitto e Siria attaccano Israele sperando di riconquistare i territori persi durante la Guerra dei

6 Giorni. Israele reagisce all'attacco in maniera decisa e in breve tempo passa al contrattacco. L'11 novembre viene firmato un armistizio.

1974

L'OLP è invitato all'O.N.U. come legittimo rappresentante del popolo palestinese.

1977

A novembre il Presidente egiziano Sadat compie una visita ufficiale a Gerusalemme. È la prima volta che uno stato arabo effettua una visita ufficiale in Israele.

1978

A marzo Israele invade il Sud del Libano. L'ONU invia i caschi blu per risolvere la situazione tra Libano e Israele.

1980

Gerusalemme viene proclamata capitale di Israele come "città intera e unificata" nonostante le risoluzioni ONU.

1982

Termina l'evacuazione del Sinai da parte di Israele, la regione torna in mano all'Egitto. Il 16 settembre, durante l'operazione "Pace in Galilea", avviene il tristemente celebre massacro di Sabra e Shatila. I miliziani falangisti massacrano migliaia di civili sotto la supervisione delle truppe Israeliane.

1983

La commissione d'inchiesta su Sabra e Shatila ammette le responsabilità israeliane, del Ministro della Difesa Sharon, del Comandante di Stato Maggiore Eytan e dello stesso Begin. Sharon verrà costretto a dimettersi, sotto la pressione dell'opinione pubblica israeliana, da Ministro della Difesa, ma manterrà un ruolo nel governo Begin.

1985

Israele termina il proprio ritiro dal Libano.

1987

Inizia l'Intifada.

1990

Gli ebrei immigrano in massa in Israele dall'Unione Sovietica.

1993

Rabin e Arafat siglano gli accordi di Oslo. In seguito a Washington i due leader firmano la "dichiarazione di principi". Israele ritira le sue truppe da Gaza.

1994

A luglio Arafat torna a Gaza dopo 27 anni di esilio. Ad ottobre Arafat, Peres e Rabin vengono insigniti del Premio Nobel per la Pace. Nasce l'Autorità Nazionale Palestinese che comprende la Striscia di Gaza e i territori della Cisgiordania.

1995

A gennaio dopo un attentato suicida nei pressi di Netanya, che provoca 19 morti, Israele chiude i Territori Occupati e blocca i negoziati. A novembre Itzhak Rabin viene assassinato da Yigal Amir, studente dell'estrema destra sionista.

1996

Arafat viene eletto Presidente dell'Autorità Nazionale Palestinese. A ottobre Arafat verrà invitato ufficialmente dal Capo di Stato Ezer Weizman in Israele.

1997

A marzo si riapre la questione su Gerusalemme: scoppia la violenza infinita della strategia del terrore arabo-palestinese e il processo di pace, già molto fragile, viene definitivamente compromesso.

1998

Grandi festeggiamenti nello Stato Ebraico per il cinquantesimo anniversario della fondazione della Stato di Israele. I Palestinesi in risposta alle celebrazioni israeliane ricordano il 14 maggio del 1948 come al-Nakba, ovvero "la catastrofe palestinese", con una serie di manifestazioni che sfociano in episodi di violenza.

1999

Arafat e Barak firmano gli accordi di Sharm el-Sheik.

2000

A luglio naufragano definitivamente gli accordi di Camp David dopo che Arafat rifiuta le concessioni israeliane. A settembre comincia la seconda Intifada dopo che Ariel Sharon si è recato alla spianata delle Moschee.

2002

A giugno inizia la costruzione del muro di 730 chilometri che divide i territori israeliani da quelli palestinesi.

2006

Hamas vince le elezioni per il Consiglio Legislativo Palestinese mentre Israele impone il blocco di Gaza.

2011

Abu Mazen presenta alle Nazioni Unite la candidatura della Palestina come Stato Indipendente all'interno dei confini stabiliti con gli accordi del 1967.

2012

Israele fa partire al campagna "Pilastro di Sicurezza" su Gaza. Quasi contemporaneamente la Palestina ottiene il riconoscimento di Stato osservatore all'ONU.

2014

Hamas e Fatah firmano un accordo per formare un governo di unità nazionale. Nel frattempo riesplode la violenza e la pace sembra allontanarsi sempre di più.

LA CASE Books

LA CASE Books è un progetto editoriale nato nel 2010 da un'idea di Jacopo Pezzan e Giacomo Brunoro.

Agli inizi del 2010 Pezzan, che vive a Los Angeles, capisce che quella dell'editoria digitale non è una semplice scommessa sul futuro ma una realtà concreta.

Così quando in Italia non era ancora possibile acquistare ebook su iTunes, e Kindle Store era attivo soltanto negli USA, LA CASE Books inizia a pubblicare ebook e audiolibri in italiano e in inglese sul mercato mondiale.

Nel 2020, per celebrare i primi dieci anni di attività della casa editrice, iniziano anche le pubblicazioni in formato cartaceo.

Oggi LA CASE Books ha un catalogo di più di 650 titoli tra libri cartacei, ebook e audiolibri in inglese, italiano, tedesco, francese, spagnolo, russo e polacco, ed è presente nei più importanti digital store internazionali.

www.lacasebooks.com

9 7 9 8 7 3 9 6 0 9 0 3 8